U0067071

性美學教育 性、色情、裸體藝術

陳秉璋◎著

生命的尊嚴承受不了「性」的玩弄！
唯有「性美學」才能創造永恆生命的意義價值！

引 言

從「美國小柯」與「台灣阿義」的政治緋聞談起

從美國總統小柯與前台灣省新聞局發言人阿義的緋聞談起，就歷史時間而言，這兩件轟動一時的政治緋聞案，可以說是不謀而合的「同時性」政治人物桃色新聞。然而，由於社會空間的差異，不管是政治社會的反應，或是一般社會輿論的批判，甚至包括民間社會的觀點與態度，卻是展現了截然不同的效應或效果。乍看之下，這兩種截然不同的社會反應，會令人感到費解、疑惑與訝異，甚至可以說是匪夷所思矣！

按照一般常理來講，小柯以美國總統之尊，爆發了桃色緋聞事件，姑且不論其真相為何？單就一般社會生活世界的「無風不起浪」之經驗法則而言，應該是全國譁然與四面楚歌才是！有趣的是，或者應該是嘲諷吧，非但不是那樣，相反地，經過一波又一波的性騷擾之打擊結果，民意調查卻告訴世人說：小柯的聲譽，不但毫髮無損、安然無恙，而且有更上一層樓、日正當中的態勢！

相對地，發生在台灣社會的政治緋聞，阿義只不過是台灣政治社會裡的區區小芝麻官而已，然而，不管是來自政治社會的攻擊，或是一般社會輿論的批判，乃至民間社會的辱罵，在在給予人們另一種印象：阿義已經犯了世人最為痛恨的滔天大罪，就像一隻過街的老鼠，人人不但可以喊打，甚至是欲打死而後快。

同樣是一件政治人物的桃色緋聞，為何會出現超乎常理的兩種極端社會反應與效果？馬克思與恩格斯曾經說過：假如你從一個不同的角度與立場，去觀察與分析這個世界或是歷史事件，你就會建

構出差異性的知識體系。我們非常認同這種世界觀的歷史知識之建構，因此，向讀者提出如下的新觀點與新立場，共同來追蹤觀察、分析與詮釋小柯和阿義的政治緋聞事件。

首先，就政治社會的新觀點與新立場而言，小柯的政治緋聞，發生在具有根深蒂固民主文化的美國社會，政治人物的桃色緋聞，純粹屬於「私生活領域」，政治社會裡的政敵或反對黨，絕不可能也不敢把它當作「政治公共領域」的議題而加以攻訐。相反地，阿義的政治緋聞，不但發生在「公私領域」不分的中國封建政治文化歷史瘤毒中，而且又遇上國民黨內部中生代派系鬥爭相當激烈又明朗化的時期，很明顯地，阿義只不過是宋楚瑜的代罪羔羊而已！

其次，站在社會變遷或社會轉型的新觀點與新立場，我們就不難看出，人們對於這兩件政治緋聞的看法與態度，為何會有如此巨大的落差？小柯的性騷擾事件，是發生在所謂後現代或後工業時代的美國社會，由於純粹個人主義與功利主義掛帥的金錢遊戲哲學，個人或私人道德生活的重要性，在日常生活的世界裡，早就被人們忘得一乾二淨了，人們最感興趣的，莫過於如何去賺大錢，進而去享受個人的私生活，包括個人的性生活。相對地，阿義的政治緋聞，正好發生在所謂外發型現代化或工業化的台灣社會，中國傳統或固有的倫理道德與社會價值體系，正好叩上了外來頹廢文化的功利道德與物化價值觀，儼然成為矛盾、對立與衝突的態勢。有趣或嘲諷的是，在現代化與外來頹廢文化的衝激與洗禮下，每一個人或自己所信奉與追求的，正是純粹個人主義與功利主義掛帥的金錢遊戲哲學。相對地，要求別人或期待他人所要遵守或實踐的，卻又是傳統或固有的倫理道德與社會價值。其結果，就道德生活而言，儘管個人或自己的性生活已經墮落到谷底，卻是要求他人要堅守在山峰。阿義所遭遇到四面楚歌的攻擊，正是這種高處不勝寒的山峰論，我們實在忍不住要替他叫一聲：「冤哉枉也！」

最後，假如我們改從性知識、性制度與性權力的三角關係來看

問題，則又會有不同的詮釋與論述。小柯的政治緋聞，剛好發生在後現代主義的性開放社會裡，經過長期性解放的社會運動，人們對於「性」所擁有的觀念、態度與行為，早已擺脫了傳統性禁忌的桎梏或枷鎖。因此，當小柯面臨一波又一波的性騷擾訴訟時，在舉國「性解放、性開放與性自由」的檢視下，幾乎沒有一件會成立的。相反地，阿義的政治桃色案件，剛好發生在性知識迷亂、性制度與性威權或性權力正在解構的台灣社會。當性知識、性制度與性權力等三者無法建立所謂性文化的一致性時，個人對於性觀念、性態度與性行為等三者，也會產生相當大的落差。社會上性文化的失均衡或不一致性，以及個人所擁有性次文化的落差，一方面，會造成個人在現實生活世界性道德之淪喪，另一方面，卻又要期待或要求他人或別人都能夠創意或追求唯美主義的性理想文化。在這種唯美主義的性理想文化之社會共同期許或期待下，阿義在社會現實文化中的性道德生活，順理成章地，就會變成人人喊打的過街老鼠了。

從上面我們所提出的三種截然不同的觀點與立場，很明顯地，政治社會的新觀點與新立場，跟我們在本書所要研討的主題與旨趣，就親和性與功能相關性而言，可以說少之又少矣，我們當然不會從這個面相去切入。相對地，社會變遷或社會轉型的新觀點與新立場，以及性知識、性制度與性權力三者的三角關係，則將成為我們的基礎切入面與基本切入點：前者構成所謂性的社會學力（sociological forces）分析，後者則形成性觀念、性態度與性行為的歷史辯證關係。

從「性」的歷史追蹤分析，以及「性」的歷史辯證關係之研究，我們企圖找出性慾、色情與情色藝術等三者，在不同歷史時間的社會裡，所展現的差異性社會意義，進而對於解決色情與情色藝術之糾葛和爭議會有所貢獻與幫助。

陳秉璋　謹識

目　錄

緒論：性研究的新方法論與新工具概念

一、什麼是性？

依照古漢字的系譜，生與性可以說是同義字：性者，生也。所以孔子說：「食色性也。」色是指現代意義的性，而性則指古文意義的生，也就是說，性是與生俱來的。

從遠古時代所流傳下來的許多神話與詩歌，我們不難看出一件事實，那就是：面對著性問題，人類一直生活在愛恨交加的矛盾與對立世界中，整部人類社會的文明發展史，也都非常明確地證實了性本身的弔詭：性能夠創造人類，亦能毀滅人類；性能夠帶給個人無限的歡愉，也能夠為個人增添無窮盡的痛苦與煩惱。

誠如恩格斯與馬克思所言：隨著思考者或研究者的不同立場與觀點，就會建構出差異性的知識。什麼是性？宗教或神學家、哲學家、心理學家及社會科學家等等，各自提出了截然不同的詮釋與解釋，可以說是琳琅滿目，美不勝收。

不過，令人覺得遺憾的是：以往這些對於性的觀點與學說，都把性抽離了社會生活世界，再去做抽象化概念的論述。因此，如果想運用來瞭解實際社會上人們的性觀念、性態度與性行為，似乎令人有一種困難重重的感覺。

所以，我們想改從社會學的立場與觀點：把性扣緊在人類的社會生活世界中，從歷史事實與社會實在來追蹤研討什麼是性？

性所展現的矛盾性格，以及它所構成的效應弔詭，就社會學的立場而言，令人不得不提出如下的質疑：到底什麼是性？為何它會

具有如此能耐？緊接著，我們想企圖解開的問題意識是：性的矛盾性格及其所構成的效應弔詭，是否跟特定時空的社會生活世界有關？換言之，我們所要追蹤分析與研討的旨趣是：與生俱來的性，是否會隨著人類社會生活世界的差異性，因而產生不同的矛盾與弔詭？我們的回答似乎是肯定的，所以才會延伸出我們所要研討的焦點主題：(1)性與真：生物人的性衝動；(2)性與善：社會人的性知識；(3)性與美：精神人的性昇華。

二、為什麼要談性？

我們認為並且堅持，談性已經是刻不容緩的事，為什麼呢？理由很簡單，茲分述如下：

(一)就性觀念的認知層次而言

就性觀念的認知層次而言，在整個社會生活世界中，每一個人所擁有的性觀念，幾乎99.9%都屬於儒家所建構的倫理化性禁忌觀念：把性給予倫理化，再投射在社會生活世界中。在過去中國農業社會的時代，確實曾經發揮過正面與良性的社會功能。然而，自從台灣邁向工業化與現代化之後，很明顯地，不管是社會連帶的形式，或是人際關係，甚至於倫理道德的生活方式與實質，在在都起了極為深遠的巨變。食色既然是性也，我們也就無法忽視或輕視現代人的性生活，任何健康與快樂的生活，必然來自正確與有效的觀念認知，因為觀念決定態度，再經由行為而實踐為生活。性觀念與性生活的關係，自然也不例外，如今整個社會結構與社會生活世界都已經改變了，傳統農業社會所孕育而成的性觀念，當然就不適用於工業社會的性生活。那麼，什麼才是正確又有效的「性」新觀念呢？就值得我們細心去思考反省了。

㈡就性態度而言

就性態度而言，在男女授受不親的傳統文化之影響與作用下，中國人的性態度，面對著工業社會的多元化與開放性格，註定會產生社會調適的不良症。尤有甚者，過去在蔣介石軍事戒嚴時期，「民主與性」可以說是最大的禁忌，因此，隨著社會變遷的加速，早已犯有社會調適不良症的性態度，也就越來越扭曲而走樣了。如何去重建一種嶄新的性態度，一方面能夠促進男女兩性的良好和愉快的互動關係，減少不必要的隔閡、誤解，甚至於性騷擾等等；另一方面，又能經由性行為的實踐，而有完美的性生活。

㈢就性行為的層次而言

就性行為的層次而言，我們的理由就顯得更充足，而任務也更為急迫了。台灣社會在邁向工業代與現代化的過程中，單就性問題而觀，曾經遇上了兩股亂流，因而造成台灣社會的另一奇蹟：傳統性禁忌主義的性觀念、現代性開放主義的性態度、後現代主義的性行為三者間的矛盾與衝突。這種性奇蹟也正是台灣性亂象之源：雜交、濫交與亂交的性行為，尤其會出現在年輕一代。

第一股亂流來自歐美的工業先進國家，有人稱它為西方文明的沒落（德國社會學者Spengler的用語），也有人稱它為頹廢文明（蘇聯藝術評論家Plehannov的用語）。單就性問題而言，被稱為性解放思潮與性開放運動。在七〇年代的中下葉，正當台灣人因為經濟奇蹟而沉迷於物化生活時，這股性亂流也悄悄地溜了進來，唱起孔子的二重唱：食色性也，因而大行其道，具有愈演愈烈的態勢！

第二股亂流則出自台灣社會本身，八〇年代末葉，隨著台灣社會的工業化與現代化，軍事戒嚴的合法性與正當性，皆已逐漸消失，台灣社會正式進入解嚴的新時代。既然在戒嚴時代有兩大典型

的禁忌，理所當然地，解嚴會引發兩大開放或解放：政治社會（political society）的民主開放與民間社會（civil society）的性解放。這股本土的顯性亂流，很快地就與外來的潛性亂潮相結合，促成了九〇年代無奇不有的性行為亂象。

由此可見，面對著傳統主義的性禁忌、現代主義的性解放、後現代主義的性開放與迷亂等所促成的性亂象與性弔詭，性問題已經成為亟待解決的急務。

三、我們所要研討的性：社會學人的性

從早期神學和哲學，一直到當代心理學或社會科學，大家所研討的性，都集中在人類與生俱來的生物性或動物性之上。其實，從社會學的立場與觀點來看，那只是正確的出發點與基礎點而已，因為這種生物人或動物人的性，自從人類有了群居的社會共同生活之後，早已產生許許多多人為的變化，所以，不管性本身或是男女兩性的性關係，早已不是自然人的自然關係了。基於這種認知，我們東方社會學再提出所謂社會學人（sociological man）的概念，做為社會行為者或行動者，藉以替代語意含糊的個人。

我們非常同意古希臘哲人的觀點：所謂人（生物人或動物人），既是肉體的，也是精神的。性既然是與生俱來的，理所當然地，有附著於肉體的性，以及附著於精神的性，因為精神本身也附著於肉體，所以在平時，我們是看不到精神的性，而只能感受或看到肉體的性衝動，因此，對柏拉圖（Plato）而言，任何一個人只要帶有肉體的一點點性慾，就無法展現其精神的性，唯有完全拋棄肉慾而把性慾昇華為靈人的個體，才能展現其精神的性，那便是沒有肉慾的愛，俗稱柏拉圖式的愛，柏氏則稱它為「神聖的瘋狂」。

這種精神性或沒有肉慾的愛，正是所有文藝創作者所要追求的終極價值。由此可見，一般人所俗稱的生物人或動物人，其實是物

質人或肉體人和精神人或靈人的結合。

此外，我們要特別指出並強調的是：社會日常生活世界中的行為者或行動者，嚴格說來，並不只單單是生物人或動物人，而是已經兼具了社會人的身分。一個人自呱呱墜地，就開始接受社會化，學習社會既存的禮教、規範與價值，經由內化而發展其道德人格，藉以引導其外顯行為與社會互動。在社會化與道德人格的發展過程中，生物人原有的性（性慾與性衝動），也逐漸受超我（super-ego）或社會原則的改變、限制與牽制。

基於以上的認知，我們所要研討的性，並非侷限於與生俱來的生物性或動物性，而是社會學人所擁有的三大面相。茲分述如下：

(一)肉體人或物質人的性：性與真的還原

套用現象學的用語。在人類歷史的發展過程中，人類對於與生俱來的性，早已污染上了許多歷史污穢，我們很難看到它的廬山真面目，因此，研究者必先去掉其歷史污穢，才能進行正確而有效的研究與論述。換言之，我們要讓讀者知道：什麼才是性的本質。

(二)社會人的性：性與善的辯證論述

肉體人或物質人的性，既是自然的又是衝動的，如果放任其自求滿足，其結果必然是衝突不斷，有害於社會和平共存。所以在社會秩序的考量下，人們所重視的是性與善的問題：如何在滿足個人性需求與種的繁衍之同時，又能符合社會善（social good）與社會期待（social expectation）的共契。不同的時代與差異的社會文化，就會有不同的社會善與社會期待，因此，對於性的觀念、態度、行為與制度等面相，都會有截然不同的個人性意識與社會性機制。

(三)精神人的性：性與美的創作

柏拉圖雖然非常強調人的精神面相，然而，由於其獨特的先驗

主義認知論，又把詩人和藝術家驅逐出精神王國之外（在後面要論述藝術與色情之關係時，我們會非常詳細地解析柏氏的獨特觀點與論證）。就人的精神活動而觀，主要有三大面相，即宗教、哲學與藝術。

先就宗教而言，有的把性視爲原罪，如基督教即是，一方面鼓吹禁慾主義，藉以壓抑肉體人或物質人的性衝動，另一方面則提倡性的神聖化，藉以引導精神人的性昇華，得以在贖罪後能夠重返天國。相反地，也有把性視爲創造宇宙生命的神秘力量。如古印度的某些教派或密宗，藉著男女兩性的「參交」，企圖悟出生命的最原始力量，所謂歡喜佛，正是典型的代表之一。除了這兩極端的走向之外，一般的教派，基本上都把性視爲人間煩惱之源，肉體人或物質人應該儘量自我克制，相對地，把精神人的性——沒有肉體性慾的愛，發揮到極致，死後才能重返「另一個世界」，去安享精神人的美麗生活。

再就哲學而觀，爲了社會和平共存的生活，一方面要求肉體人或物質人的禁慾，實踐社會人的性與善，另一方面，則極力鼓吹精神人的性昇華，以精神人的大愛或社會愛，去替代自私自利的性愛。

最後，就文藝而言，除了謀利主義的色情文藝不談，眞正的文藝創作者，雖然以性慾的快感爲題材或對象，經過其想像與藝術創作的過程，終極的目標與目的卻在展現精神人的無私快感：性慾昇華後的美感。因此，所有與性有關的眞正文藝創作品，都帶有一種理想文化的社會功能，即提升現實文化中的性次文化，使其更能符合社會善與社會期待的共契或共識。

如上所述，使我們聯想到儒家所提倡並建構的「天倫之樂」：包括宗教、哲學與藝術的綜合性精神人的性昇華，以倫理做爲宰制性慾快感的有效工具，藉以體現精神人的無私美感。

在本書的性研討裡，我們不去探討精神人的性活動本身，而是

把它當做一種既存的社會事實，去觀察並分析它對實際或現實文化所產生的提升功能爲何。

四、新方法論的簡介與新觀念的提出

傳統西方哲學與神學，以及中國傳統哲學，對於「性」的論述，皆屬於所謂抽象化概念的先驗論，即使是晚近西方社會科學或經驗主義哲學，對於「性」的研究、分析或論述，雖然都已經改成後驗觀，然而，幾乎沒有或甚少把性次文化排放在人類歷史演化的時間縱軸與社會生活世界的空間橫軸上，再去做性生活與一般社會生活世界的互動關係之研究。我們既然要大膽地嘗試這種創意性的研究與分析，當然就要有新方法論與新觀念的提出。

㈠我們的預設

就方法論而言，在實證科學的研究領域裡，研究者會面臨許多永遠無法解決的難題，譬如在經驗世界裡我們所看到的是：雞與蛋的互生關係，然而，我們永遠無法證明，到底是先有雞，還是先有蛋？所謂預設（assumption），就是爲了解決這種困境，允許研究者可以主觀地預設立場，做爲研究的切入點或切入面，譬如預設先有蛋，再去論述如何生雞？相反亦同。換言之，所謂預設，就是對於經驗事實不必做驗證的主題聲稱與認定。以下就是我們對於性次文化研究所提出的預設。

◎社會達爾文主義的預設：生物人或動物人的性衝動

人類是由低等動物演化而成的高等動物，就本性或本質而言，人類的性或性慾，跟一般動物的性或性慾，並無兩樣，都屬於與生俱來的本能。所以，終日沉迷於性快感追求的人，只能算是一隻豬或是一頭牛而已，還不具備做人的資格。

此外，正如佛洛伊德（S. Freud）精神分析主義的發現，性或性慾是人類與生俱來的內在衝動，所以，任何性慾的發作或性外顯作為本身，皆具有自然性與中立性。換言之，就本質或本性而言，性或性慾皆屬於非社會的與非道德的自然產物與中性存在，跟社會道德與價值判斷毫無關係，這也正是馬克思所強調的：在原始社會裡，男女兩性的性關係，是一種自然人的自然關係。

◎涂爾幹社會學決定主義的預設：社會人或道德人的性壓抑

依照法國社會學大師涂爾幹（E. Durkheim）的說法，社會本來是不存在的，它是個人所共同創造的產物，不過，社會一旦出現或形成，它就會擁有恆久不變的獨特屬性：外在於個人、獨立於個人，並控制或支配著個人的社會道德─價值體。就此觀點與意義而言，社會乃先個人而存在，任何個人一旦出生，必然會受到社會的洗禮，經由社會化的過程，學習為人處世的社會原則，才能跟他人共同過著社會的和平生活，這就是我們所謂的社會人或道德人。個人與生俱來的性或性慾，既然是一種動物性的內在衝動，當然無法直接見容於社會和平的共同生活，所以在不同時空的社會，都會有形形色色的「性枷鎖」，用來控制或宰制個人的性或性慾。在「性枷鎖」的社會機制下，才產生所謂性制度內的合法化與正當化性行為，以及性制度外的非法性行為或性關係，俗稱為色情。所以，色情乃是社會意識形態的產物，隨著特殊「性枷鎖」的不同，而會有差異性色情的社會認定。

由此可見，正如涂爾幹所指出，社會乃先個人而存在，個人絕對無法追求生物人或動物人的性關係，只能在社會機制的支配與宰制下，去追求性制內的合法性行為或性關係。

◎柏拉圖理性主義的預設：精神人的性昇華

希臘偉大的哲人柏拉圖，最先站在理性主義先驗論的立場，提

出所謂靈人與肉人的二元論。也就是說，人既是物質的，也是精神的。與生俱來的性或性慾，既然附著於肉體上，所以必然也是物質的。因此，任何追求肉慾快感的肉人，跟動物的性行為，並無二致。身為萬物之靈的人類，其可貴就在於能夠超越物質的快感享受，而去追求精神人的美感世界。所以他主張人類應該運用其與生俱來的理性，把附著於身體的肉慾，提升或昇華為靈人的愛：毫無肉慾的純愛或真愛。

柏氏是倡導「性昇華」的第一人，我們也非常認同這種主張，所以才用他做為預設的標題。不過，要特別聲明一點，我們並不贊同這種先驗論，相反地，在本書的寫作與論述上，全然改為後驗論，這是我們要特別提醒讀者的重點。同時，要特別指出並強調，唯有從後驗論的觀點與立場，去論述性昇華或性轉化，一方面既能解開「柏拉圖式的愛」之神祕面紗，另一方面又能透視身體藝術的真正美感。

(二)新分析法的提出：社會學力的分析

因為我們有感於西方社會科學的研究，一方面，既無法擺脫傳統的先驗論陰影，他一方面，又受制於後驗論的個人心理分析，始終看不到或甚少有後驗觀的社會解析，因此，我們花了一段相當漫長的時間，嘗試去建構所謂東方社會學的認知論與方法論，完全擺脫抽象化先驗論的陰影，並拋棄純粹個人心理與動機的分析，直接採用後驗觀的社會解析。所謂社會學力的分析法，正是東方社會學方法論的新建構，讀者如果有興趣的話，可以自行去買來參考，此處我們只能就性問題的研究，做最簡單扼要的介紹。

我們在建構所謂東方社會學認知論時，意外地發現，人類在建構社會的過程中，會促成或創意出本來並不存在的四種力量，正如涂爾幹所說，它一旦出現或形成之後，就會外在於個人，獨立於個人，並回過頭來控制或宰制個人的行為，我們合稱這四種力量為社

會學力，分別是：科技生產力、社會規範約制力、權力強制力、精神昇華力。

我們又發現，在不同時空的社會裡，就會有差異性的社會學力，在影響、作用與支配著個人行為與社會互動關係，因而促成相異的社會文化體系。因此，單就性問題或性次文化的研究而言，我們就應該從不同時空的社會裡，先深入去追蹤探討其獨特性的社會學力，再進而解析這些社會學力如何在影響個人的性觀念、性態度與性行為，以及如何在決定社會互動中的性生活。因此，所謂社會學力的分析法，就是要以社會學力做為主要變項或變數，藉以探討並解析人類對於性觀念、性態度與性行為的改變原因及其改變結果。

(三)分析架構

任何社會科學的研究，在觀察並收集客觀資料之後，面對著許多雜亂無章的堆積資料，首先就會產生要如何去處理的問題。就方法論而言，所謂分析架構的提出或建構，正是為了解決這個難題而設的。研究者可以透過或依照既設的分析架構，使堆積如山的雜亂資料，產生清晰可見的親和性與功能性相關係，進而得以解析促成社會現象的可能性原因，以及有效說明該現象存在或消失的理由。

誠如佛洛伊德所指出，所有生物人或動物人與生俱來的原慾，皆帶有自私的內在衝動之特徵。因此，其外顯行為必然違反共同和平生活的社會原則，性原慾也不例外，所以為了維護社會秩序的穩定與安寧，任何特定時空的社會，必然會按照其獨特的社會善與社會期待，設計出一套道德─價值體系的社會機制，去規範或控制自然人或生物人的外顯行為，一方面要能滿足其原慾的需求，另一方面又能合乎社會原則的要求。這種特殊社會道德─價值體系的社會機制，我們可以透過圖一與圖二的分析架構去獲得：

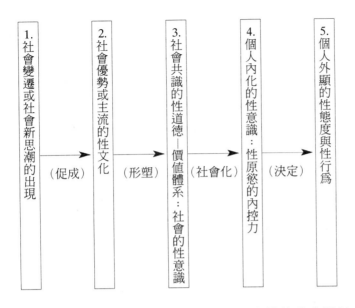

圖一　性原慾的內在制約力──性意識的形成過程

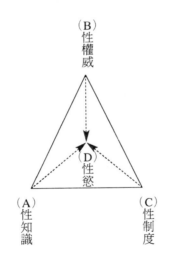

圖二　性原慾的社會外控力

茲將圖二的內涵說明如下：

1. 人類的社會生活，受到不同社會學力的影響與作用結果，就會產生差異性的性知識（A），一方面會直接影響並作用於個人的性或性慾（D），另一方面也會間接地透過性權威（B）的運作，建構出性制度（C），為個人提供合法化與正當化的性生活。

2. 在不同的時空社會裡，經由差異性社會學力的影響與作用，也會產生其獨特的性權威（B），一方面直接在宰制或控制個人的性慾（D）（性行為與性生活），另一方面則間接地依照性知識（A），去建構和改變性制度（C），為個人的性行為與性生活提供合乎時代潮流的正當性與合法性。

3. 就社會靜態的性生活而觀，個人的性慾（D），完全受制於（A）、（B）、（C）的三大要素，即性知識的影響與作用、性權威的宰制與控制，以及性制度的限制與約束。然而，就社會動態或變遷的性互動或性生活而言，性慾（D）的主體個人，亦能隨著社會變遷或社會學力的改變，創意出新性知識（A），再經由社會運動的過程，強迫性權威（B），去改變或創新性制度（C）。

4. 構成這個性分析架構的四大元素或要素，並非靜態的獨立存在，而是隨時處於彼此相互影響與作用的動態關係中，其變動的頻率與速度，跟外在社會變遷剛好成正比。這一點足以說明一件歷史事實：為何在過去幾千年的中國農業社會裡（只有改朝換代，絕無社會變遷可言），在倫理化性知識、性權威與性制度的運作下，能夠維持如此穩定與和平的性互動與性生活。相反地，又為何台灣在短短三十餘年內，會遭遇到令人不敢相信的性亂象，那是因為台灣社會正處於史無前例的激烈變遷與快速轉型，進而破壞了這四者原有既存的穩

定與均衡關係。

　　綜合來看，性個體的性認知與性觀念，主要是來自於或受制於該優勢性知識，而其性態度與性行為，則永遠受制於性權力與性制度，始有合法性與正當性可言，否則，就會被冠上「色情」的可惡標籤。由此可見，當主流或優勢性知識受到外來挑戰或本身發生變異時，性個體、性權力與性制度等三者，也就必然會產生要重新調整關係的緊張與壓力，因而造成性亂象。

　　此外，我們必須聲明的是，這裡所謂的「性權力」跟傅柯（M. Foucault）在《性意識史》（*The History of Sexuality*）中所指的性權力更為廣義而具體化。我們的性權力是指主流性思潮所賦予某些人有權去干擾或介入性個體的性態度、性行為與性生活而言，譬如倫理化性禁忌思想所賦予的性權力有：自己的父母、家族的長輩、鄉村的仕紳、地方的官吏、中央的政治權力等等。

　　同時，值得我們特別注意的是，性附著於身體，個人必須從知識去獲得正確性觀念，才能在性體制內展現健康的性態度，再經由性行為之實踐而成為歡愉的性生活，否則，就變成性體制外的偏差性次文化，也就是一般俗稱的色情次文化。同時，男女兩性在性制內的性關係，就會產生傅柯所謂的權力關係，譬如在母系社會的性制內之性關係，女性享有宰制的權力；相反地，在父權性制內之性關係，男性則處於享權力的一方，因而構成所謂性、知識與權力的三角關係。

㈣性研究的新工具概念：關鍵詞的建構

　　社會科學者對於外在社會事實或現象的研究，並不像自然科學，既可以使用具體的器具，又可以運用物質材料的試驗，他們唯一所能使用的工具，就是抽象化的概念或觀念，我們稱它為工具概念。這種抽象化的工具概念或觀念，都是研究者透過長期思考與觀

察外在事物或現象所主觀建構而成。正如我們上面所指出,人類對於性的研究與論述,主要來自傳統哲學與神學,以及現代的個人心理學,我們既然要擺脫傳統哲學與神學的陰影,並拋棄現代個人心理的宰制,當然就不能沿用他們所建構的工具概念,因此,我們改從東方社會學的認知論與方法論,經由長期與深入的事先觀察,爲性問題或性次文化的研究,建構出新工具概念如下:

◎以「雙元或二元主義性觀念」替代西方單元主義性觀念

不管是西方傳統的哲學或神學,或是現代的個人心理學,他們對於性問題的論述或研究,其所使用的抽象化工具概念,都屬於我們所謂的單元主義性觀念:所謂性,單指或專指人類與生俱來追求肉慾快感的內在衝動。其實這種單元主義性觀念,是一種錯誤認知的結果,人類追求肉慾快感的內在衝動,只能說是動物人或生物人的本性或屬性,無法見容於社會的和平生活。我們稱這種單元主義性觀念爲「性的觀念形式」:只要是生物人或動物人,天生就必然會有這種性的內在衝動,具有永恆不變的普同性。

然而正如前述,社會乃先個人而存在,從個人出生的那一刹那,動物人或生物人就得接受社會化的洗禮,變成我們所謂的道德人或倫理人或社會人。因此,我們對於性問題或性次文化的研究,如果採用單元主義性觀念爲工具,就無法瞭解並說明社會人或道德人的性行爲。所以,我們才建構出所謂「雙元或二元主義性觀念」:一方面,我們完全接受單元主義性觀念,並稱它爲「性的觀念形式」,專指動物人或生物人的內在性衝動,只有形式的普同性,毫無內涵或內容可言,另一方面,我們又提出所謂性的觀念內涵,專指在不同時空社會裡,人們如何把差異性的性認知、性觀念與性知識,灌入普同性的性觀念形式,而變成傅柯所謂的性意識(sexualité)藉以正當化與合法化社會人或道德人的性行爲或性生活。換言之,假如做爲觀念形式的性,具有亙古不變的普遍性或普同性:

任何動物人或生物人，必然會有與生俱來的內在性衝動，相對地，做為觀念內涵的性，則會隨著不同時空的社會，人們就會灌入差異性的實質內涵，藉以正當化與合法化社會人或道德人的性衝動。

◎性意識

　　以自然人或動物人的與生俱來之性為對象，在不同時空的社會生活下，人類思想所添加或賦予的所有社會屬性，就成為該特殊社會的獨特性意識，也就是說，做為一個自然人或動物人，人類的性有其一致性與普同性；相對地，做為一個社會人或精神人，不同時代與社會文化，就會形塑出差異性的性意識。譬如中國傳統農業社會在儒家思想成為優勢或主流之後，原本中性與自然的性，就被添加或賦予許多社會性或文化性的屬性，如：不道德的或反道德的、萬惡之源或犯罪之根、污穢的、可恥的、見不得人的等等，因此，每一個社會人或精神人，都會有一種倫理化性禁忌的性意識。同樣地，在西方中古封建社會裡，在基督教優勢或主流思想之宰制下，每一個社會人或精神人都會有一種神聖化性禁忌的性意識：性是一種原罪，人生好比是一連串道德革命的贖罪過程，所以除了傳宗接代的神聖任務，得以在神聖化性社會機制的配置下發生性關係外，任何形式的男女性關係都是社會所不允許的。

　　我們唯有從性意識的觀點與角度，去追蹤分析西方近百年來所發生的性解放運動與當代的性開放運動，才能真正掌握到它的社會學意義。同樣地，也唯有從性意識的觀點與角度，來探討當前台灣轉型期社會的性問題，才能尋獲造成台灣性亂象的真正原因：傳統倫理化性禁忌思想流毒與外來現代性解放或開放之間的矛盾、對立與衝突。

◎性排除、性轉化與性昇華

　　所謂性排除，是專指個人意圖去預防、減輕、壓抑或消除自己

內在性衝動，它盛行於禁慾主義的社會裡，譬如在歐洲中古封建社會的時代，由於基督教倡導性是原罪，並鼓吹禁慾主義的結果，性排除的風氣相當盛行。同樣地，在傳統中國的倫理化社會裡，性被認為是一種罪惡與不道德的事物，因此，個人的性排除也相當流行。然而，隨伴著現代化與工業化的君臨，經由性解放與性開放的社會運動之結果，過去禁慾主義所衍生的性排除，早已煙消雲散了，代之而起的，正是世人所唾罵的性迷亂與性亂象。

所謂「性轉化」，專指個人追求或實踐性慾滿足的合法化或正當化過程。在性禁忌的社會裡，一方面，性被認為是一種原罪或罪惡或反道德的，另一方面，性又是「人類種的繁衍者」，為了解決這種弔詭與困境，性轉化的觀念、思想與機制，乃應運而生。譬如在倫理化性禁忌的中國傳統農業社會裡，雖然男女授受不親，不過，只要依照社會習俗或禮教的程序，則可以取得合法化與正當化的性互動關係。同樣地，在歐洲中古封建社會的時代，雖然有神聖化性禁忌的性次文化，然而，只要有「奉聖父之名」，男女就可以合法地與正當地嚐禁果。由此可見，假如我們改從社會的立場與觀點來看，那麼，所謂性轉化，也可以定義為：為了合法化與正當化個人的性行為或性互動，社會所認定或提供的管道或方式，經由它，生物人或動物人的性衝動，方得以轉化為社會人或倫理人的性行為或性互動關係。

所謂「性昇華」，這是希臘哲人柏拉圖所創意的觀念：如何把物質人的肉慾或性慾提升或昇華為精神人的愛？因為柏氏的論述是緣於先驗論，我們站在實證科學的後驗觀，認為不足取。因此，我們改從後驗觀提出操作性定義如下：如何把自私主義的性慾，提升或昇華為利他主義的愛？身體藝術與情色文學的創作，正是性昇華的最佳範例。藝術創作者或文學創作者，以附著於肉體的性為題材或對象，透過其豐富的想像力與獨特藝術情感，把肉慾昇華為超現實或超實在的無私美感：一種人類愛的共同情感。由此可見，性昇華

只能存在於精神人的理想文化世界裡，很難落實或實踐在社會人或
倫理人的現實生活世界裡。因此，德國大文豪哥德（Goethe）透過
《少年維特的煩惱》這部文學巨作，明明白白地警告世人，凡是追求
柏拉圖式愛情或性昇華的人，只有兩條路可以走：發瘋或自殺。

第一篇

性意識史：
社會學力的動態追蹤分析

從實證社會科學的立場與角度而觀，生命既然是男女兩性的性關係所創造，那麼，只要有人的存在，就必然會有性與兩性關係的存在，所以，我們也可以大膽地說，人類的這部歷史本身，就是一部不折不扣的性史。

依照人類社會的歷史發展時序與過程，我們似乎可以把這一部性史區分為下列不同時代：蠻荒時代、氏族或部落時代、傳統農業社會時代、現代工業社會時代。在不同的時代裡，各有差異性的生存環境與條件，以及截然不同的社會連帶與生活方式，因而反射出與之相對待的不同性知識（包括性認知與性觀念）、性權力與性制度，三者合而為一，對個人的身體進行性的配置、支配與宰制。

第1章 蠻荒時代：自然人的性自由時期

　　依照西方社會契約論者的說法，人類在進入群居的社會生活之前，曾經有過非常漫長的一段歷史，稱之為自然狀態。顧名思義，就是說自然人生活在自然環境與條件下，毫無任何人為的社會產物，譬如組織、規範、道德、價值或連帶等等之存在。個人生活在自然狀態的主要特徵是：享有無拘無束的絕對自由，卻是毫無安全保障可言。因此，霍布斯聲稱：生活在自然狀態下，每一個人必須對抗其他的人，所有的人在對抗所有的人，這是一個你爭我奪、永無寧靜的戰爭時代。所以，單就性問題而言，我們似乎也可以斷言：人人享有充分的性自由，卻絲毫沒有性生活的安全保障。為何會如此，我們就依樣社會學力來追蹤分析如下，以供參考。

社會學力的追蹤分析

一、科技生產力

　　依據考古學、文化人類學，以及可靠的史料記載與推測，蠻荒時代的生存環境與條件，可以說是極端地惡劣，為了生存下去，個人不但要單獨跟毒蛇猛禽搏鬥，而且隨時隨地要承受來自大自然的災難。誠如社會學家烏格朋（Ogbun）所說：任何技巧或技術的發明，必然是長期經驗知識的累積結果，而絕非是一夜間從天上掉下來的產物。所以，在民智未開的蠻荒時代，要說有什麼生產技巧或

技術的存在，那是無法令人信服的臆測或妄想。也正因為如此，個人只能靠著與生俱來的體力，跟大自然搏鬥，去追求物慾的滿足。食色雖然同樣是天生的需求，在這種自然狀態下的求生條件與環境，個人被迫會把絕大部分的時間與精力，花在物慾滿足的搏鬥上，而較少沉迷於性慾的追求，這是可以理解的。換言之，在科技生產力的不存在或欠缺，以及惡劣求生環境與條件的壓力下，物慾滿足的絕對必要性，必然會凌駕於或優先於性慾滿足，更何況經驗法則告訴我們：溫飽而後思淫樂。職是之故，我們似乎有理由推論說，在自然狀態下，同為人類衝突之源的物慾與性慾，因尋求物質滿足所引起的衝突，必然大於或強於性慾所引起的衝突。佛洛伊德在論述「性壓抑」的理論之一，也是建立在「物質財之短缺壓力」：性壓抑可以有更多時間去解決食物不足的問題。

二、社會規範約制力

誠如實證主義社會學家涂爾幹所言，道德乃是社會連帶的果物或產物，也就是說，社會連帶的存在是促成社會規範出現的先決條件。既然蠻荒時代的求生方式是單打獨鬥，完全靠著與生俱來的體力去跟大自然搏鬥，當然也就沒有任何人際間連帶或社會連帶可言，所以就個人的行為而言，當然不會受到任何禁忌、約束、控制或宰制，可以說享有百分之百的自由。

因此，在自然狀態下個人的性慾滿足，也就如同追求物慾滿足一樣，唯有靠體力去跟他人或情敵對抗，取決於「勝者為王」的自然法則，既不涉及道德或倫理的問題，也沒有任何規範性的禁忌、約束、控制或宰制等等之存在。因此，我們可以大膽地臆測，蠻荒時代應該是屬於性雜交或濫交的時期。在醫學知識或常識尚屬完全缺乏下，性雜交或性濫交必然會產生許多性病，直接威脅到人類種的繁衍本身，因而在民智初開時，就會促成性禁忌思想的到來。

三、權力強制力

就如同社會規範一樣，政治權力也是社會連帶的產物。所以，人類在進入群居的社會生活之前，亦尚無政治權力可言，所以，在自然狀態之下，任何個人的性行為，當然也就不會受到權力強制力的宰制或控制，因此，既無性犯罪，或是色情、性騷擾及猥褻等等問題的存在。

四、精神昇華力

我們雖然也同意古希臘哲學家的看法，認為人類天生既是物質的，也是精神的。然而，就人類歷史發展或演進的過程而觀，人類的精神活動並非跟物質活動同步開始，相反地，晚了非常久遠才出現。為什麼會有這種差別？主要原因在於促成兩種活動的「動力因」有所不同使然：促成物質活動的動力因是與生俱來的物慾衝動，相對地，促成精神活動的動力因則是來自人類的思考能力。任何人一旦呱呱墜地，就會受到先驗性物慾衝動的內驅力作用，而從事於求生活動，相對地，人類的思考能力並非天生的，亦非先驗的，而是後驗性長期經驗累積與學習而產生的。因此，人類在尚未進入具有思考能力之前，跟其他動物一樣，只能稱為生物人、物質人或動物人而已。一直等到人類擁有了思考能力，而促成精神活動的出現，一方面，配合社會連帶的出現，創意了社會規範與權力強制力；另一方面，則經由宗教、哲學與藝術的途徑，帶來了超越現實的精神昇華力，從此，人類才躍登為萬物之靈，而成為我們所謂的社會學人，即生物人、社會人、政治人與精神人的綜合體。

從人類會思考開始，就逐漸運用這種力量，企圖去解脫或超越人世間的衝突、悲哀、煩惱與痛苦等等。蠻荒時代的雜交或濫交問

題，正是精神昇華力所必須面對的急迫對象。首先出現的，正是原始部落的超自然主義原始宗教信仰，運用原始宗教信仰的精神昇華力，把性給予神秘化，再加以禁忌，藉以防止性雜交或濫交。其次，就是農業時代的哲學，借用哲學思考的精神昇華力，先把性給予倫理化，再加以禁忌，藉以解決性衝突與性亂象問題。換言之，在蠻荒時代，人類因缺乏思考能力，無法發揮精神昇華力去解決性雜交或性濫交所衍生的問題。

綜合起來看，在蠻荒時代的人類活動，不管是就客觀環境與條件而觀，或是就人類本身的主觀條件而言，皆尚未具備任何社會學力，也毫無認知與思考的能力，所以，就性這個主題而言，既沒有任何概念或觀念的表達，也沒有什麼規範性的禁忌，更沒有權力強制力的宰制等情形。在自然狀態下，生物人本著內在性衝動與外顯行為的自由，享受著性雜交或濫交的快感，同時，必須隨時隨地迎接它所可能帶來的挑戰：性敵的衝突與性病的威脅。

自然人的「性」自然關係

人類經過傳統主義性禁忌思想的洗禮後，如今只要談到性，或多或少總會覺得怪怪的：有點卑賤、不高雅、不自然又不自在，有些不好意思，甚至於有罪惡感……，其實，這是人類文明的社會扭曲結果，假如我們順著人類歷史的時光隧道走回源頭去，我們就會驚訝地發現，原來生活在自然狀態下的生物人，竟然過著自由自在的性生活。馬克思稱它為：自然人的自然關係❶。很明顯地，馬氏這一句話的深層意涵是：人類在意構一個完全被扭曲的社會之前，既沒有社會價值的判斷，也沒有社會規範或倫理道德的約束，所以，自然人之間所呈顯的性關係，正是人性最為純真的關係。

中國傳統哲學的二元思維，就性而言，也是從人的本體出發

的，認爲男女的性交，完全符合宇宙自然的法則，所以《中庸》謂：「君子之道，造端乎夫婦，及其至也，察乎天地」。《孟子》也說：「好色，人之所欲」，「人少，則慕父母；知好色，則慕少艾」❷。同樣地，南朝梁沈約也說：「飲食男女，人之大欲存焉，故聖人順民情而爲之度」❸。這些中國先賢的性論述，在在傳達或表現出「性」的原始面貌：自然的眞。因此，在中國第一部詩歌總集《詩經》中，有許多關於男女性愛的描寫。譬如「期我乎桑中，要我乎上宮」❹、「野有蔓草，零露漙漙，有美一人，婉如清揚，邂逅相遇，與子偕臧」❺。如此自然、自由與自在的性愛渴求與作爲，何其眞也！

當然，馬氏的看法或論述是建立在如下的預設上：在人類社會尚未形成或出現之前，人性是完美的。如今社會早已存在了幾千年，如果套用馬氏的思想邏輯，人性早已被扭曲成不是人性矣！所以，人性原本是完美的看法或論述，必然很難獲得常人的認同。雖然如此，我們還是能夠透過早期所流傳下來的神話、傳說、史詩、民謠或樂詩等等，獲得這些原始人的性生活之片斷記述，或多或少也都反映出性關係的純眞面向。

神話、傳說、史詩、民謠或傳奇等所反映的性自由

古今中外，不管任何一個民族，都必然會有或多或少的神話、傳說、民謠或傳奇故事等等，反映出其祖先的性生活或性關係之記述。我們就引述各項記載，以供讀者參考：

1. 在古印度、中國與希臘等等的神話中，我們會驚訝地發現，第一個神（或人）都是以相當色情的方式去延綿後代，譬如

在古印度的神話中，有關創造其先人的記述，尤其對於男性陽器加以凸顯，甚至帶有十足的父女、母子或兄妹等等亂倫情況。又譬如希臘神話中，大地之母的兒子在母親的谷播種，這種意象充分反映出多麼含蓄的性自然關係。

2.在《舊約聖經》中，也把大衛王偷窺民婦沐浴的情節坦然地加以記述，充分顯示自然人看待性的自然態度，即使國王也不例外。同樣地，對於所羅門王的頌歌，也都凸顯出所有作品的唯美主義之色情❻。

3.在羅馬的《伊里亞德》史詩中，描述伊尼亞斯與黛朵兩人，為了躲避突如其來的雨而入山谷，很明顯地，山谷本身正象徵著色情意象，極具暗示男歡女愛的過程，再配上谷外雷雨交加與文字的隱喻，更充分顯示出那種不可收拾的男女激情。如果套用馬克思的術語，不也正是：自然世界中自然人的性自然關係嗎？其實在古希臘與印度的史詩中，也保留了許多古代唯美主義的色情記述。譬如今天我們認為最古老的人類史詩：蘇美人的Gilgdmesh，也把性愛看作是人類從野蠻邁入文明的轉捩點，Enkidu原來是個野人，一直到Anu神贈給他一位女子，才真正成為一個有理性、智慧與能力的男人。又譬如中國早期的敘事詩，如〈洛神賦〉，也充滿了男女兩性「雲雨巫山」的描寫❼。

4.在中國古代的許多傳說或神話中，也都經常以自然態度來看待性。譬如周朝人在追憶其祖先的來源時說，姜姬是一位非常美的年輕少女，有一次在田野中漫步，突然踩到一隻碩大無比的大姆趾腳印，當時腹中頓然若有所感，沒想到，回到了家，果然就懷孕了，這個胎種正是周人的始祖后稷。其後，夏朝人、商朝人以及後代改朝換代的始皇帝，也都照樣畫葫蘆，有的是感日而生，有的則因彩虹而受孕，有的甚至是因雷電交合的產物❽。

5.一九二七年三月，英國現代名小說家勞倫斯，來到了希臘的艾特魯利亞，在參觀壁畫時發現，此地的壁畫所描繪草原上，男女皆以大地為床，大開大合的性愛景象，他看了之後，感嘆良深，更讚美古代人對於性態度所抱持的天眞，並且認爲畫的內容纖細動人，表現手法非常純樸，無關乎道德問題❾。

崇拜生殖或生殖器時代的性自由

越來越多的考古發掘向人們證明，在人類歷史演化的過程中，原始人曾經有過一個相當漫長的「生殖崇拜」時期。譬如歐洲舊石器晚期，從庇里牛斯山到頓河河谷出土的石質或象牙圖錐，一律具有高聳的甚至下垂的碩大乳房，凸出的腹部和臀部，以及刻畫形象的女陰。又譬如在中國新石器時代，遼寧紅山大型文化祭壇，無頭孕婦陶像，也都特別地表現出生殖部位的特徵。同時，在某些原始岩畫中，也生動地描繪出兩性交媾，性特徵十分鮮明的人物形象❿。

就人類的性生活而言，男女的生殖器、性交與生殖等三者是密不可分的，然而，在民智未開的蠻荒時代，原始人並不知道或無法分辨三者的實際關係，而只是看到嬰兒從女陰中出來，所以就覺得女陰具有超現實的無上魔力而加以崇拜或供奉，因此，女陰崇拜可能是人類最早的生殖或生殖器崇拜。譬如雲南劍川石窟第八窟有個高1.2公尺的女陰石雕與其他許多佛像供奉在一起，被稱之爲「阿央白」，意思是指嬰兒出來的女陰。女陰崇拜的性文化，也可以從它所遺留下來的許多女陰象徵物看得出來，譬如雙魚、石環、陶環或蓮花等等。此外，依據考古學家的考證，古人所佩帶的玉璧（中間有孔），也是源自女陰崇拜的象徵物。

經過相當漫長的性雜交生活之後，原始人開始逐漸認識到，要有男性生殖器與女陰接觸的性交之後，才有可能生育，因此回過頭來開始崇拜男性生殖器。近代從考古中發現的石祖、陶祖、銅祖與玉祖等等，都是崇拜男性生殖器的象徵物。中國人造字是非常有意思的，祖字的左傍是「示」，代表神祇與祭祀的意思，右傍的「且」字，則代表男根的意思，所以「祖」字代表是以男根祭神，充分展現了男性生殖器的崇拜精神。

原始人除了崇拜女陰與男性生殖器之外，從蠻荒時代所遺留下來的岩畫或流傳詩歌，又可以發現他們也曾經崇拜過「性交」：具有使人亢奮與歡愉的魔力，所以就崇拜它。如《詩經》中所描寫：「亦既覯上，我心則降……我心則悅……我心則夷」，充分顯示出原始人從性交所感受到的快樂心理。

這種生殖崇拜的態度與作風，不僅僅表現為一種原始習俗，而且滲透到後世的社會生產、藝術模式、思維心理、宗法制度、倫理道德等等面向，成為積澱於各民族意識深層的文化現象。以下列舉幾種供讀者參考與思索：

◎希伯來民族先民的生殖崇拜

在西方基督教的《聖經》（*Bible*）裡，就留下了希伯來民族的先民對生殖崇拜之明顯痕跡。譬如上帝用地上的塵土造人的神話，表現了希伯來人先民以大地象徵女陰、女性的觀念，又如伊甸園的神話中，上帝取下亞當的一根肋骨，用它創造了女人夏娃，反映了希伯來人先民對男性生殖作用的推崇。

◎中國上古時代的性生殖器崇拜

在中國上古時代，華北地區至少就有七大原始初民系，從他們有關男女的性象徵文字之創造，就不難看出兩件事實：(1)皆以自然態度來看待性；(2)都以性器官的形狀作為象形文字的依樣。所以

《神異經》說：「東南隅大荒之中，有樸父焉，夫婦並高千里……男露其勢，女露其牝。」這裡所謂的樸父，正是盤古系初民之一支殖民前鋒，來到僕水地區，盤古系的花神，頂天立地，故樸夫夫婦亦並高千里，但特別指出男女都露出性器官，一方面，充分顯露出人們對於性的自然態度；另一方面，更隱喻著人們對於性生殖器的崇拜❶。

同樣地，《列子‧湯問》：「男女雜游，不媒不聘」，不也正是性的自然態度與生殖崇拜的寫照嗎？❷

在自然世界中，自然人的性慾，既然是天生的本性，男女之間的情慾橫流，當然也是天經地義的事，因此，即使是《舊約‧創世紀》，也有如下相當露骨的兩段描寫：❸

㈠「他瑪是猶大長子珥的妻子，珥是個邪惡之徒，因而上帝殺了他。一天，當猶大和其友亞士蘭人希拉一起來到亭拿剪羊毛的時候，他瑪用面紗遮住了臉，裝扮成妓女守候在公公將經過的路旁，猶大沒認出自己的媳婦，只以為是一個妓女，於是向她求歡。他瑪答應猶大的要求，同時也向他索要報酬。猶大答應以後送她一隻小山羊。作為取羊的憑證，他留下了自己的圖章、手鐲和拐杖。事後，猶大讓朋友亞士蘭人牽著小山羊來取憑證時，他瑪早已不知去向。他向當地人打聽時，當地人回答在那路旁根本就沒有什麼妓女。他瑪回家過了一段時間後，鄰居發現她已有身孕，他們告訴猶大：『你的兒媳他瑪做了妓女，看哪，她已懷上了野種。』猶大怒從心起，吼道：『把她帶來，我要把她燒死。』當他瑪被帶來並拿出公公留下的東西說：『這些東西都是那嫖客的，我懷的就是他的孩子。』猶大認出了自己的東西，只好支吾著道：『我自愧不如她，因為我沒有信守諾言讓三子示拉娶她為妻。』從此之後，猶大再也不敢染指於她。」

㈡「我的佳偶，你甚美麗。你的眼在帕子裡好像鴿子眼；你的
頭髮如同山羊群，臥在基列山旁；你的牙齒如新剪毛的一群
母羊，洗淨口來，個個都是雙生，沒有一個喪掉子的；你的
唇好像一條朱紅線，你的嘴也秀美；你的兩塊太陽在帕子內
如同一塊石榴；你的頸項好像大衛建造好藏軍器的高臺。其
上懸結一千盾牌，都是勇士的藤牌；你的兩乳好像百合叢中
的吃草的一對小鹿，就是母鹿雙生。

你的腳在鞋中何其美好，你的大腿圓潤如美玉，是巧匠的手
作成；你的肚臍如圓盃，不缺調和的酒，你的腰如同一堆麥
子，周圍有百合花；你的兩乳好像一對小鹿，就是母鹿雙生
的；你的頸項如象牙臺，你的眼目像希實本巴特拉並門旁的
小水池……」

◎恩格斯的「種的繁衍」

恩格斯曾經說過：「根據唯物主義觀點，歷史中的決定性因
素，歸根結柢都是直接生活的生產和再生產。但是，生產本身又有
兩種，一方面是生活資料，即食物、衣服、住房及為此所需的工具
之生產；另一方面是人類自身的生產，即種的繁衍⓮」。這裡所說的
「種的繁衍」，正好點出物質主義或唯物主義的歷史吊詭：原本也是
物質生產的性，透過人類自身的再生產——種的繁衍，就會異化而
成為非物質的文化現象，也就是說，男女兩性的交媾或結合，已經
超越了單純的性慾滿足和種的繁衍，而再生產出非物質因素的情感
與愛。因此，劉達臨在其《性社會學》一書中就認為：人類的性活
動，能反映時代的風貌，人性的特徵和社會烙印……。

◎中國的性愛文化

正如同世界其他民族一樣，中國的性愛文化也歷經一段漫長的
生殖或生殖器崇拜時期，再到性禁忌的時代。依照趙國華對西安半

坡魚紋和各地出土的彩陶紋之研究，半坡彩陶魚紋具有女性生殖器的意義，而半坡母系氏族公社「魚祭」祭場，則爲模擬女陰的圓形。其他各地母系氏族公社出土的祭器上繪魚蛙花葉等紋樣，則爲女性生殖器的象徵❶。

中國古代先民把性視爲宇宙之源與萬物之本，所以男女的交合，不但是順乎自然也是合乎宇宙之道，所謂陰陽，正代表了男女生殖的符碼，所以說：男陽而女陰，一陰一陽之謂道❶。

◎結　論

總而言之，初民對於生殖或生殖器崇拜的性自由，我們可以引用尼采與馬克思兩人的看法作爲結論。如下所述：

1. 初民對生殖器及生殖的崇拜，不是色情的淫蕩，而是一種生命意志的強烈體驗。尼采說：「眞正的生命即透過生殖，透過性的神秘而延續的總體生命。所以對希臘人來說，性的象徵本身是可敬的象徵，是全部古代虔敬所包含的眞正的深刻意義。生殖、懷孕和生育行爲中的每個細節都喚起最崇高最莊嚴的情感。……這一切都蘊涵在狄奧尼索斯這個詞裡：我不知道有比這希臘的酒神象徵更高的象徵意義。在其中可以宗教式地感覺到最深邃的生命本能，求生命之未來的本能，求生命之永恆的本能——走向生命之路，生殖，作爲神聖的路。」❶

2. 馬克思認爲：「男女之情的關係是人與人之間直接自然的必然關係。……根據這種關係就可以判斷出人的整個文明程度。根據這種關係的性質就可以看出，人在何種程度上對自己說來成爲類的存在物，對於自己說來成爲人並把自己理解爲人」。❶

「雜交」時代的性自由

　　人類在進入社會和平共存的婚姻生活之前，曾經有過一段非常漫長的性雜交生活，沒有任何限制的性雜交，一切男女，不管是父母和子女或是兄弟和姊妹，都可以自由性交，這也正是《列子·湯問》所謂「男女雜游，不媒不聘」的意思。譬如中國的古老傳統中，就有伏羲和女媧這兩個神，他們是兄妹關係，不過，從許多遺留至今的文物上，可以發現伏羲與女媧的交尾圖。其實所謂交尾也就是性交的意思，它反映出古代存在著兄妹性雜交的現象。

　　在太古的時代，常常有所謂：「聖人皆無父」的說法，譬如華胥踏巨人跡而生伏羲、安登感神龍而生神農、女樞感虹光而生顓頊，甚至於佛經上也說，釋迦牟尼之母因夢白象入懷而成胎等等，似乎都要告訴世人，這些偉人或聖人都不是「性交」的產物。其實大家也都知道那是不可能的，事實的眞相是：這些偉人或聖人也全部都是「雜交」的產物，「民只知其母而不知其父」之故，後人爲了表示對這些偉人或聖賢的尊敬與愛戴，才編造出「聖人皆無父」的神話故事。以下我們就引述幾段有關雜交或亂婚的學者論述（衛惠林譯，《男女關係的進化》，自立晚報，台北，民國七九年）：

㈠斯特拉保説：「全特羅格羅代特（Troglodyte）地方的人民過著遊牧生活，各部落有他的酋長或君主。婦女與兒童是公有的，唯有酋長的妻子與兒童是例外的。但是假使有人犯了與酋長的一個女人通姦的罪，只處以一隻羊的罰金。」（頁三三）

㈡關於阿拉伯菲利克斯（Arabia Felix）族，斯特拉保有下列的記述：「物的共有制行於同一家族的全分子之間，一家族通常

以最年長者為家主。在他們中間只有一個妻子。男子中那一個能先進了她的房間，他就可以先占有她享受她。但是要先示警於他人，就是把他的杖橫放在門口（因為此地的風俗任何人總要帶一條杖）。但是在夜裡她除了最年長者的家主以外，絕對不能與他人同寢。這樣的亂婚行於他們全體兄弟之間。並且我們需追加一句，他們還與他們自己的母親性交。但一方面，姦通，即與家族以外的愛人性交，當處以嚴酷的死刑。該國國王的一個女兒，生有絕世之姿。她有十五個兄弟，個個都拚命要愛她。為此他們遂無間斷地輪流去享受她。她厭煩他們這種照顧，於是她想出了一個方法，她放一條杖照著才離開她的兄弟的樣子，過一回再放一條，不斷的這樣做。注意不要放的像她的兄弟沒再來找她的樣子。有一天兄弟們全體在共通的地方相遇到了。一個走到她的門前，看見了杖，就轉回來，以為那一個一定與她在房間裡。但當他看見了所有的兄弟們都在那裡的時候，他決定了她一定在做一種不貞操的行為。他立刻去找著他父親，請求他到這個地方，於是他終於得進了她的房間去與她接觸。」（頁三四）

(三)海羅道特（Herodotus）關於愛代數比亞地方之安息人說：
「他們的妻子是共有的。他們並不共同生活，只是像野獸一樣的交媾。當一個婦人生下一個強健的小兒時，所有的男子，都去看這個小兒，到第三個月，那一個男子被認為最相似時，便算他的兒子。」關於格拉德人，我們幾乎可以同樣的這樣說：「格拉門德人在野外結合，隨處可以實行性交。」斯特拉保確證愛爾蘭（Ireland）的賽爾特（Celtie）人說：「他們與一切的婦人公開的性交，甚至於他們的母親與姊妹。」（頁三六）

(四)關於亂婚的古代傳說，在希臘羅馬的地方隨處可以找到。比方

在中國，說是婦人在伏羲以前是共有的。一個類似的傳說，並且很明顯的陳述著關於馬哈巴拉德的事，「古來女子對於丈夫的不忠實不算罪過，只是一個對等的責任。……此種風尚現在我們還可以在北方考羅（Kourous）地方看到。……一切階級中的女性都是公有的。婦女的地位，像他們養的牛，每一個婦人各有她的品位。——西未特開頓人（Civite Keton）曾設有一個對於人與土地的限制。」但這個主張是很曖昧的，並且很少有證據可以用來推察他。（頁三七）

《詩經》中所保存的關於求婚、愛情和婚姻的民歌，對鄉村愛情生活有出色的描寫。《詩經》中的詩歌，其形式內容都與其他地區和其他時代的民歌有著驚人的相似，它們以動人的手法表達了求婚和愛情的全部悲歡。這裡我們首先抄錄一首描述在河岸舉行村社慶典的詩歌。青年男女在河岸上相互求愛，競爭角逐，然後進行性交。在後來的色情文獻中，「芍藥」常常用來指女子的生殖器。

溱與洧，
方渙渙兮。
士與女，
方秉蕑兮。
女曰觀乎？
士曰既且。
且往觀乎？
洧之外，
洵訏且樂。
維士與女，
伊其相謔，
贈之以勺藥。

溱與洧，

瀏其清矣。

士與女，

殷其盈矣。

女曰觀乎？

士曰既且。

且往觀乎？

洧之外，

洵訏且樂。

維士與女，

伊其將謔，

贈之以勺藥。

——《詩經》第九五首

　　統治階級成員的婚姻叫做「婚」，這個神秘古老的字眼似乎意為「黃昏的典禮」，指在晚上慶祝婚禮和完婚。

　　平民的婚姻叫做「奔」。當春天來臨，農家都從冬季住所遷至田野，村社組織春節的慶祝。屆時艾男少女乃一起跳舞、輪唱、踏歌。所有這些歌幾乎千篇一律都與生殖崇拜有關，並常常帶有不加掩飾的色情性質。每個青年男子都挑選姑娘，向她們求愛，並與她們交媾。

　　由於姑娘可以接受或拒絕求婚者，也可以接受之後又改變主意，而男青年也有同樣的自由，遂使平民女子通常比高等級的女子享有更充分的性生活。

注　釋

❶馬克思著，《一八四四年經濟學——哲學手稿》。

❷楊伯峻譯注《孟子》（台北：中華書局），出自《孟子·萬章章句上》，一九六〇年。

❸《宋書·後妃列傳》卷四一（台北：中華書局），一九七四年，頁一二九八。

❹《詩經·鄘風·部中》。

❺《詩經·鄭風·野有蔓草》。

❻黃永林著，《中西通俗小說比較研究》（台北：文津），頁二二二。

❼楊儒賓著，〈性與文明〉，《聯合文學》，第七卷第一一期，頁一五六～一五八。

❽同註❼。

❾于治中，〈禁忌的關懷〉，《聯合文學》，第七卷第一一期，頁一六八。

❿同註❻，頁二三五。

⓫潘桂成著，《性文化斷層》（台北：固地），一九九四年。

⓬同上，頁八四。

⓭請參照《舊約·創世紀》第三八章及《舊約·雅歌》。

⓮Engels. F., *The Origin of the Family, Private Property and State*, ed Leacock, N. Y. Inter. Publishes, 1884/1972.

⓯黃永林著，同註❻，頁二三八。

⓰郭沫若著，〈中國古代社會研究〉，見《郭沫若全集》，歷史編，第一卷頁三三。

⓱尼采著，周國平譯，《偶像的黃昏》（湖南：湖南人民出版社），

一九八七年版。

❽同註❶。

第2章　氏族或部落時代：超自然主義神秘化性禁忌

　　經過漫長的蠻荒時代之後，人類進入了所謂氏族或圖騰或部落時代。爲什麼變？如何變？學說隨著研究領域的差異而不同，這不是我們所感興趣的主題，我們的問題意識是：人類進入了氏族或部落時代，爲何性問題或性主題會發生變化？如何變化？變化結果又如何？現在我們就依照人類的歷史事實：氏族或部落時代人類的活動及其所沉澱的文化，再進行社會學力的追蹤分析，企圖解開或回答上述有關性問題的變化。

社會學力的追蹤分析

一、科技生產力

　　從科技生產力的觀點而言，所謂氏族、圖騰或部落時代的求生特徵，展現在兩方面：(1)在於靠體力之外，業已加入了所謂原始技巧（archaic skill），生物人或動物人經由長期錯誤的嘗試與經驗累積結果，已經學習到某些實用的原始技巧，有助於或有利於求生活動，這種原始技巧運用在求生活動上的結果，逐漸促成集體主義的分工合作之精神，狩獵活動就是一個最爲典型的例子；(2)集體主義的求生方式，替代了過去蠻荒時代的單打獨鬥方式，也就是說，生物人或動物人已經進入了群居的社會生活，開始有了社會連帶的關

係，我們稱它為整體主義社會連帶：個人完全消失在集體主義的氏族或部落中。

原始技巧所孕育而成的分工合作精神，也就是一般俗稱的團隊精神，整體主義的社會連帶，以及集體主義之求生方式等等，已經無法容忍任何氏族或部落內部的個人鬥爭與衝突，當然就無法再放任性自由的存在，所以，在下述諸多社會控制或約束之要求中，性禁忌就成為主要對象之一。

二、社會規範約制力

由於上述原始技巧的出現，不但改變了原始人的求生方式，而且促成了整體主義的社會連帶，再改變了社會生活型態。群居的求生活動與生活方式，對內要求團結，對外則要群策群力去對抗外來侵略，因此，如何減少內部矛盾與衝突，就成為重要課題。

社會規範既然是社會連帶的產物，那麼，社會連帶的形式，就會影響與作用於社會規範的性質與形式，所以，在氏族或部落時代，我們所看到的社會規範，都具有集體主義的性質與形式，神秘化性禁忌自然也不例外。

此外，我們必須特別聲明並強調的是，決定社會規範的實質內涵的因素，乃是該時代人類思考能力所認知的思想，譬如在氏族或部落時代，人類思考能力所認知的思想，正是一般所謂的超自然主義思想：相信感官知覺的物理世界之外，必然有一股超自然的力量，在支配並控制這個現象世界。所以，這個時期的社會規範，皆以集體主義的形式和超自然主義的內涵出現，我們稱它為集體主義的泛靈神秘化性禁忌，再以它為基礎，建構神秘化的性制度。

三、權力強制力

　　人類一旦進入了群居的社會共同生活，在集體主義的求生方式下，個人完全消失在整體主義的氏族或部落中，過去單打獨鬥的「個人對他人」，也完全被群體對抗的「我群（we-group）對他群（other-group）」所取代。為了減少內部的矛盾、對立、衝突與對抗，並能促進內部的團結，藉以有效對抗他群的侵略，除了上述社會規範約束力的創意之外，又有了政治權力強制力的創新。單就性問題而言，政治權力擁有者，氏族的長老或是部落的酋長，一方面得以運用當時的知識或優勢思想，製造規範或約束個人性行為的性制度。另一方則可運用其權力強制力，介入或干涉或宰制個人的性行為或性生活。換言之，政治權力的擁有者，不但是性規範與性制度的制訂者，而且是執行者與裁判者。因為長老或酋長的權力是神聖的，又是絕對的，所以，它所展現的強制力或宰制力也特別地強。

四、精神昇華力

　　氏族或部落時代的人類之精神活動，主要以原始宗教活動為主，再以哲學思考為副，至於藝術活動，除了古希臘文明之外，都不甚發達。以下我們就針對性問題，人類如何運用其精神昇華力，企圖去超越或提升附著於肉體的性，而轉化為純精神或心靈的性：絲毫沒有肉慾的愛。

　　首先，就原始宗教而觀，基本上，對於性所抱持的看法與態度，有兩極化的走向：⑴把附著於肉體的性視為一種罪孽或原罪，再透過宗教信仰的過程，一方面對自己本身，消極地進行禁慾與道德革命，藉以減少或減低性慾所可能帶來的罪惡，另一方面則積極

跟神溝通，把潛存於肉體的精神力或心靈力，盡量發揮出來，去轉化本身的性慾爲博愛，譬如西方的基督教。就是這種原始宗教的思想，經過理性化與世俗化而成的典型代表。我們將在「性與善」的靜態解析裡，做非常詳細的探討與說明；(2)把附著於肉體的性視爲一種喜悅，以及生命之源或之泉，因此，男女兩性的結合本身，不但是一件喜事，而且能夠幫助悟道者探出生命的奧妙，進而增添生命的意義與價值。譬如古印度的原始宗教中，有一種佛教的流派或秘宗，正是持這種看法與態度，以「歡喜佛」而流傳坊間。

其次，再就哲學思考而觀，基本上，早期的哲學家都把附著於肉體的性視爲不祥的惡物，或是會引發社會衝突和犯罪的基因，所以極力主張個人要發揮其內在的理性，不斷地進行反省與批判，消極地可以達到禁慾的目標，積極地又能夠把肉慾的性轉化或昇華爲精神或心靈的愛。譬如古希臘時代的哲學家柏拉圖，他非常輕視或看不起肉慾的性，認爲那是肉體人或物質人的生理現象，性交所能帶給個人的，僅限於感官知覺的庸俗快感。所以，他極力主張人類應該發揮其與生俱來的理性，經由自我的克制、反省與批判，不但要能消極地壓抑肉體人的性慾，而且還能夠把肉慾轉化或昇華爲靈人或精神人的愛，這是一種理性主義的返元過程與實踐。

最後，就藝術面向的精神昇華力而言，出現在古希臘城邦的裸體藝術，可以說是最爲典型的例子。藝術家以人體爲素材，裸露爲對象，經由想像力的運作過程，藉著藝術家個人所特有的情感與藝術形象，創作出超越肉體而附著於精神人或心靈人的性：心靈饗宴的美感。有趣的是，如果藝術家的火力不夠，看畫者又是一群水準太差的人，往往就會引發「藝術與色情」的爭議。

從本節社會學力的追蹤分析，我們可以非常明顯地看出，原始技巧的出現，改變了個人單打獨鬥的求生方式，正式進入了集體主義求生方式與整體主義的群居生活。我群與他群的衝突與對抗，促使社會規範約束力與權力強制力的出現，藉以增強內部的團結力與

對抗外來侵略的防禦力量。職是之故，凡是具有引發社會矛盾、對立與衝突的任何社會問題與面向，都會受到社會規範力的限制，以及政治權力的干涉與宰制，性問題就是其中之一。

　　就人類思想的面向而觀，氏族與部落時代，正屬於所謂超自然主義思想，而其求生方式則爲集體主義，社會連帶則是呈現整體主義的色彩，因此，這個時代所出現的性制度，其最大的特色在於：集體主義的神秘化性禁忌。我們將在靜態解析時，做更深更詳細的分析與說明。

神秘化性禁忌

　　廣義的社會，也許應該包括遊牧民族的社會，不過，在性問題的探討上，我們比較喜歡採用狹義的社會，以氏族或圖騰部落社會爲人類最早的社會。現在就應用我們上述特殊的分析架構，來深入研討該時代的性生活世界。

一、性知識

　　依照人類歷史文獻的記載，由於原始人對於大自然的依賴、不瞭解與畏懼，因而產生一種敬畏與崇拜大自然的超自然主義思想，所以，這個時期的性觀念與思想，也完全屬於超自然主義的範疇：把原本自然的與中性的性，統統染上一層超自然主義的神秘色彩與屬性，再經由社會化的過程，灌輸給每一個人，而成爲該時期與該社會的特殊性知識。每個氏族或圖騰部落，又會隨著其獨特社會生活環境與條件之差異，而有不同的性知識之內涵，分別表現爲性次文化的風俗、習慣與傳統。換言之，每一個人必須透過社會化的過程，學習這些超自然主義的神秘化性知識，內化爲自己的性觀念與

性態度，以便在跟他人的社會互動中，完全符合性次文化的風俗、習慣與傳統，我們稱它爲個人性觀念與性態度的正當性與合法性。

二、性制度

在古代氏族或圖騰部落社會時代，爲了求生存，一方面必須跟大自然戰鬥，另一方面更需要對抗他族的入侵，因此，任何會促成社會衝突的個人行爲，都必須加以規範或宰制。同時，爲了減低或減少性病的流行，並保障傳宗接代，所有自然人的性自然關係，已不再爲社會所容忍，因而有各式各類性制度或婚制的創造，藉以正當化與合法化個人的性行爲、性關係與性生活。任何一種不同的性制度或婚制，必然呈顯出該社會的兩大特徵：(1)該社會所特有的性觀念、性思想與性知識；(2)該社會所擁有的特殊生活環境、生活條件與生活方式。換言之，任何性制度或婚制，都是該時代優勢或主流性知識與社會生活環境、條件和方式的共同反射物，因此，只要後者發生了劇烈變化，前者也會因失去其存在的理由而消失。

三、性權力

在氏族或圖騰部落社會的時代，依照其超自然主義思想、性權力的最高主宰者或擁有者，很明顯地，正是氏族或部落所崇拜的圖騰神，然而，任何神都是不會講話的，在原始宗教的信仰或迷信中，代言人正是巫師、魔術師、祭司等等，所以，任何性權力對於個人性事的介入或干擾，必然是透過宗教儀式、性制度與婚制的進行，算是最典型的例子。性觀念或性知識，不管如何被神秘化，性既然是附著於人體或肉體，單靠抽象化或神秘化神的性權力，也只能影響與作用個人的性觀念與性態度而已，實在無法有效約制或宰制個人的性外顯行爲或性關係。因此，幾乎所有的性制度或婚制，

又必然引入實際有效能夠約束與宰制個人性外顯行為的眞實性權力，那便是氏族或部落的長老或酋長。

四、性個體

在上述性知識、性制度與性權力三者所構成的三角關係中（請參考緒論中的分析架構），性個體被安置在三角形的正中間。現在我們來分析個人的性觀念、性態度與性行為三個面向，與性知識、性制度、性權力三者發生什麼關係？

首先，就性個體跟性知識而言，所謂性知識就是代表該特定時空下該社會的優勢或主流性思潮、理論或學說，它會透過社會化的過程，使個人學習而內化為性個體的性觀念與性態度，再進而支配個人的性外顯行為，值得我們特別指出的是，氏族或圖騰部落社會，用斯賓塞（H. Spencer）的社會有機演化觀來說，則是屬於「簡單又同質性極高」的整合體，所以我們也可以推論，社會化的結果，每一個個人所擁有的性觀念與性態度，也必然具有極高的同質性與單一普同性。❶

其次，就性個體與性制度的關係而觀，有兩點特徵我們必須特別指出並強調：(1)這個時期的性制度，嚴格說來，並非是完全獨立的一種社會制度，而是附著於原始宗教機構的一種宗教式性聚會，因此，若我們運用韋伯（M. Weber）的社會行動論來透視當時婚事，並非是一種目的理性的社會行動，而應該是屬於價值理性的社會行動。換言之，性個體在參與宗教式性聚會，並非個人的理性與主觀選擇，而是屬於一種性神秘化的價值信仰或迷信；(2)每一個氏族或圖騰部落都用自己所信仰的圖騰神去神秘化人類的性，不過，都沒有賦予任何社會善與社會期待的道德─價值判斷。所以，性個體所擁有的性觀念與性態度，也都沒有任何善與惡、好與壞、該與不該、對與不對等等道德─價值判斷。由此推論，性個體之參與宗

教式性聚會，並非要取得性外顯行為的正當性與合法性，而只是把它視為「路徑化」的社會共同生活方式、風俗、習慣與傳統而已。相反地，當我們研討性倫理化與神聖化時就會發現，性已被賦予非常強烈的反社會原則之屬性，因此，個人經由社會化過程而學得的性觀念與性態度，皆帶有強烈的社會善與社會期待在內。所以，個人接受或選擇性制度或婚制，不只是一種路徑化的社會共同生活方式、風俗、習慣與傳統，更重要的，已經是一種社會善與社會期待的自我實踐。

最後，就性個體與性權力的互動關係而言，性權力對於性事的介入與干擾，主要來源有三：(1)父母對於兒女的性社會化；(2)酋長或長老對於男女性事的認可或懲罰；(3)圖騰神的代言人、巫師、魔術師、祭司等等，不但是宗教式性聚會的主持者，也是所有性事紛爭的最終裁判者。值得一提的是：一方面，性社會化的內涵，完全沒有社會道德─價值的判斷，所以，個人對於性事的觀念與態度，也就沒有善惡或對錯之分，另一方面，在這個時期是屬於整體主義社會連帶與集體主義共同生活，個人完全消失在社會整體中，因此，根本沒有所謂公眾輿論與社區制裁力的存在。同時，性權力本身亦有等級的差異：父母的權威最低，其次是長老或酋長的權力，圖騰神的代言人之權力為最高。

性生活的例證：祺禮❷

研討過氏族或圖騰部落社會的性知識、性制度與性權力三者及其互動關係之後，茲以中國古代的「祺禮」做為一種歷史的實際例證，提供讀者做參考。

所謂「祺禮」，原本是中國北方嫦娥氏所遺留下來的一種性制度。經過漫長歲月的變遷與變革，到了周代只殘存所謂「宋之桑林」

的性聚會儀式。所以，周禮媒氏曰：「中春之月，令會男女，于是時也，奔者不禁。」

以現代的語詞詮釋如下：

1. 「中春」是指華北開始回暖的天氣，所以禖禮是在春季舉行，為眾人所期盼的歡樂時刻，因此，古文有所謂少女思春、玉女懷春。

2. 「月」，表示禖禮是選擇在月夜舉行，一方面，對於男女的談情說愛會更有情調，另一方面，月亮正是嫦娥氏的圖騰神，禖禮本來是祭月的宗教儀式，在月夜舉行乃是理所當然，後來才演變為宗教式的性聚會。

3. 令會男女：表示原本只是圖騰神的祭月宗教儀式，如今又擴大為男女的性聚會，充分顯示出性權力的介入與宰制。

4. 於是時也，奔者不禁：據考證結果，於是時也，男女在族中長老的主婚下，交換信物以許婚，並在禖禮過程中共唱共舞，最後才拜堂完婚，則可以去做愛，所以稱為奔者不禁。

以上的解說，正符合《墨子・明鬼篇》所說：「宋之桑林……，此男女之所屬而歡也❸。」

總之，在氏族或圖騰部落社會裡，個人完全消失在族群中，經由社會化過程而獲得神秘化性觀念與性思想，並接受性制度與性權力的約束，再去尋找男女的歡愉。因為神秘化性觀念或性思想，尚無任何社會道德－價值判斷，所以也就沒有所謂色情或淫蕩等問題的存在。

注　釋

❶陳秉璋著，《社會學理論》（台北：三民）。

❷潘桂成著，《性文化斷層》（台北：固地），一九九四年，頁八六
　～九三。

❸同註❷，頁八五。

第3章　傳統農業社會時代：自然主義的倫理化性禁忌

在氏族與部落時代，人類爲了求生存，一方面必須不斷地遷涉，另一方面則在我群與他群的對抗下，不停地引發衝突或戰爭。一直到有一天，人類又有了新的科技生產力：從原始技巧的利用，轉入了自然力的技術生產，才逐漸地定居下來，我群與他群的衝突或戰爭，也明顯地減少了。這正是所謂傳統農業社會時代的來臨，人們從受制於自然與仰賴自然的時代，逐漸邁入利用自然與自然相結合的新時代。

經過漫長的黑暗時期後，進入所謂中古封建時代的歐洲社會，其實也是非常典型的農業社會。不過，就性問題而言，由於基督教優勢思想的宰制結果，歐洲農業社會並沒有像中國農業社會一樣，及時反射出與之相對應的性知識與性制度，相對地，隨著基督教的理性化與世俗化的結果，把過去原始宗教的神秘化性禁忌，轉化爲神聖化性禁忌而已。我們將在第二篇「性與善」的靜態分析裡，做深入的解析與說明。在此僅以中國傳統農業社會爲追蹤分析的對象。

社會學力的追蹤分析

在農業社會裡，隨伴著求生方式與生活形式的改變，性問題的解決方式與性制度的內涵，也有了相當大的差異。茲就社會學力的追蹤分析如下：

一、科技生產力

人類從什麼時候開始懂得利用自然力，或是為何懂得利用自然力去從事於農耕生產？這不是我們的問題所在，我們所要追蹤分析的焦點與主題是：自然力的生產技術與農業耕種方式相結合之後，社會連帶有了什麼樣的變化，其餘的社會學力是否也有了新轉化？因而導致整體社會對於性觀念與性制度又有了什麼樣的重大改變？

自然力（包括水力、風力、動物力等等）一旦被引進農耕世界之後，人類求生的方式與生活型態也開始有了重大的變革。蠻荒時代與氏族或部落時代，人類求生方式的最大特色，在於完全靠著體力而走遍四方，從單打獨鬥到我群與他群的對抗，一直過著遷涉不定的生活。然而，從自然力被運用在土地生產之後，逐漸發生了如下的重大改變：

1.氏族或部落時代的整體主義社會連帶，漸漸瓦解而變成涂爾幹所謂的社會個人主義機械連帶：以「雷同」為基礎的社會連帶，個人必先消失在雷同內，才能肯定自我的存在，所以被稱為社會個人主義社會連帶。這種以雷同為基礎，環環相扣而成的社會結構，被稱為環節性社會結構。依照德國社會學之父杜尼士（F. Tonnies）的研究❶，這種傳統社區的基礎，完全建立在所謂情感上。換言之，每一個社區的組成員，對於所屬的社區都有高度的仰慕感。
2.固定的農耕生活，逐漸使人對於土地與大自然發生了情感與愛慕之意，進而學習大自然，並企圖與自然結合為一，終於促成了所謂天人合一的自然主義思想。

自然力被引入固定農耕生活世界之後所引發的上述兩大變革，將直接引爆社會規範約制力的新內涵。

二、社會規範約制力

誠如實證主義社會學家涂爾幹所言，社會道德規範乃是社會連帶的產物或果實，一旦社會連帶的形式與內涵有了改變，社會道德規範本身也必然會有所改變。上述以情感為基礎的社會機械連帶，以及天人合一的自然主義思想，終於促成了所謂倫理化社會道德規範的出現。為了維護社區內的和平共存，並促進農耕工作所需的互助合作精神，容易引發爭端與衝突的性自由與真，當然成為社會規範力所要處理的對象，這一點足以說明倫理化性禁忌主義出現的原因，以及其存在的理由。

三、權力強制力

依照德國社會學家韋伯的研究，人類早期的政治強制力，皆建立在所謂卡理斯瑪（Charismas）的權威類型上。經過漫長的歷史演化過程，在農耕社會裡，則又逐漸轉化為世襲的卡理斯瑪，因而成為權威的第二種典型：傳統，以傳統中國農業社會的帝制為最典型的例子。農業社會的生活，既然固定在土地上，為了社區的和平共存，並發揚農耕的互助合作精神，一切社區的內部矛盾與衝突，都可以透過倫理化社會規範去解決。然而，就整個農業社會與其他社會，以及各社區間而言，則有「我群」對「他群」的矛盾與衝突關係，這又不是各社區所能自行解決的問題，而有賴於中央集權的政治強制力。因此，儘管各社區內部的社會規範有些差異，為了增強「我群」對抗「他群」的實力，中央對於地方或社區的政治強制力，不但是一致的，而且是絕對的。單就倫理化性禁忌而言，中央政治強制力對於性生活的干涉與介入，就顯得相當過火。

四、精神昇華力

在西方基督教文明裡，人類精神活動所產生的昇華力，一般而言，皆透過下列三大管道之一：⑴宗教昇華力；⑵哲學昇華力；⑶藝術昇華力。有趣的是，在中國傳統農業社會的時代，這三種不同形式的精神昇華力，雖然同樣都存在，並扮演著穩定社會的功能。不過，對於一般老百姓而言，最重要的精神昇華力，並非來自宗教的信仰，亦非得自哲學的思考或反省，更非透過藝術的想像與創造，而是仰賴儒家天人合一的倫理化特產：天倫之樂。就性問題而觀，每一個人在倫理化性禁忌的安排下，透過性制度的約制與保護，去追求安和樂利的家庭生活，除了傳宗接代的性生活之外，把剩餘的性慾需求或衝動，經由節慾與勞動的過程，將之昇華爲對於宗族的仰慕與祖先的崇拜，以便安享天年。

經由上述社會學力的追蹤分析，單就性問題而觀，隨伴著客觀社會條件與環境的改變，以及主觀社會連帶與生活方式的變遷，已經有了如下重大的轉化：

1. 從超自然主義的神秘化性思想，逐漸轉化爲天人合一（自然主義與感性主義）的倫理化性思想。
2. 從集體主義性禁忌的社會機制，漸漸轉化爲社會個人主義性禁忌的社會機制。換言之，神秘化性禁忌的考量或約制對象，乃是完全沒有個人存在的氏族或部落本身，相反地，倫理化性禁忌的考量或約制對象，已然變成消失在「雷同」中的個人。

古代氏族或圖騰部落社會，經過相當漫長的殘酷戰爭之後，逐漸出現以農耕爲基礎的農業社會。同樣是屬於典型的農業社會，然而由於歷史文化與社會思想的不同。對於性問題的解決，卻有極大

的差異性。我們就以中國傳統農業社會爲例分析於後，以供讀者參考。

中國傳統農業社會：祖先崇拜與倫理化性禁忌

在性意識史的社會學力分析時，我們就已經指出，當氏族或圖騰部落社會消失後，代之而起的，正是所謂傳統農業社會，而它所反射出來的性觀念與性思想，要以中國儒家的倫理化性禁忌與西方中古封建社會的神聖化性禁忌最爲典型代表，我們將在後面做非常深入的探討與批判，在此，我們只是把中國儒家的倫理化性禁忌，當做一種優勢或主流性觀念與性思想，而深入去探討倫理化性禁忌的知識，又如何創造出特殊的性制度，並賦予何種性權力，以及性個體與前三者的互動關係又如何？

一、祖先崇拜

要想眞正瞭解中國儒家的倫理化性禁忌的眞諦及其社會意義，我們必須把它排放在祖先崇拜的觀念與思想上。過去人類以「圖騰神」做爲族群的祖先而加以崇拜。崇拜者與神的關係是建立在信仰或迷信上，性經過神秘化之後，在性制度與性權力的約束與宰制下，男女所追求的是性慾的快感與滿足。相對地，中國儒家所強調的祖先崇拜，崇拜者與祖先的關係是建立在血緣連帶與情感連帶上，因此，對崇拜者而言，一方面在於感激祖先賦予生命，另一方面亦在宣告祖先生命的延續，所以，就性問題而觀，過去男歡女愛的性事，就變成不重要的課題，主要的是傳宗接代的聖事。這一點正好可以說明，爲何儒家會把性醜化與反道德化的原因：對個人而

言，性的重大社會意義，並非個人性慾的滿足，而是祖先生命的延續——傳宗接代。

二、性知識

孔子雖然開宗明義說：食色性也，承認「性」是與生俱來的，然而，在其倫理化禁忌的知識體系下，卻又把它醜化與反道德化，其結果是：性與罪惡幾乎可以說是同義詞，所以，對於男女的性慾與快感問題，不但避而不談，且一再警告世人，那是罪惡之源，故謂之淫矣！

雖然如此，在祖先崇拜下，性又扮演著絕對不可或缺的社會功能，所以，整個倫理化性禁忌的性知識建構，就把重心排放在「傳宗接代」之上。不過，很不幸地，由於農耕生活的特徵或特色，又反射出另一遭受批評或批判的毛病，那便是性別不平等主義的父權體制（patriarchy）。

三、性制度

中國儒家性禁忌思想，建構了一套非常完整或太過於複雜的性制度，我們將在後面與西方神聖化性禁忌，做非常深度的比較研究與介紹，在此僅就性制度做為一個變項的特徵及特質，列舉如下，以便跟其他變項進行交叉影響與作用的論述。

1. 完全以人倫或倫常關係做為考量基礎的性制度。
2. 幾乎完全否定或忽視結婚當事人男女雙方的自由意志或意願，所以說奉「父母之命，媒妁之言」。
3. 性制度終極目的或目標，在於傳宗接代，而此一神聖任務的唯一正當與合法的代理人，乃是男人，呈顯出性別歧視的惡

質性制度。

　　4.充分顯示出自然主義與感性主義相結合的天人合一精神。

四、性權力

　　正如涂爾幹所指出，傳統農業社會是屬於一種稱為機械連帶的環節性社會結構，所以，就理論層次而言，皇帝或天子乃是性權力的最高層級，譬如有所謂皇帝賜婚，然而，那畢竟只是例外，一般說來，在環節性社會結構裡，真正掌控性權力的，乃是「雷同」為基礎的權威擁有者，譬如同村或同鄉的仕紳，同宗或同族的長老，或聯合家庭或主幹家庭的長者，以及當事人的父母等等。不管在性制度內或制度外，這些性權力的擁有者，都具有相當大的干涉、約制與裁決權等等。

五、性個體與性知識、性制度、性權力三者的互動關係

　　首先，就性個體與性知識的關係而觀，從出生開始，一個人就經由家庭與同儕的社會化過程，學習倫理化性禁忌的性知識：性是不道德的、性是見不得人的、男女是授受不親的、貞操就是生命、婚前不能有性行為等等，內化而發展出自我內在的道德人格，而轉化為個人的性觀念與性制度。擁有這種既傳統又保守並帶有罪惡感的性觀念與性態度的個體，慢慢長大之後，就等待進入「性制度」裡，去完成人生最神聖的任務：傳宗接代。

　　其次，就性個體與性制度的關係而言，男女既然授受不親，性制度的社會意義可就大了，一方面，它可以正當化與合法化男女的性關係，進而消除潛存於性觀念與性態度的罪惡感，另一方面，性制度提供並保證傳宗接代的神聖場域，否則，非婚生子女乃被視同罪孽的結晶，父母與小孩皆不能見容於社會。所以，在這個時代的

社會裡，幾乎少有婚前的性行為，也幾乎沒有抱終生獨身主義者，因為不孝有三，無後為大。

　　最後，再就性個體與性權力的關係而觀，性知識既然把性視同反道德與罪源，為了維護社會和平共同生活並穩定社會秩序，不管任何時間與任何地點的男女性關係，皆屬於性權力的管轄範圍。換言之，儒家倫理化性禁忌的性知識與性制度，賦予性權力擁有者相當大的干涉與裁決權力。不過，值得我們一提的事實是：在上述性別歧視或大男人主義的不平等社會機制運作下，性權力對於男女性事的介入與干擾結果，又促成了男女性生活世界的另一不平等現實性次文化，那就是：男人犯了性禁忌，通常比較會被寬宥，甚至於被接受或讚揚，相對地，女人犯了性禁忌，那可就慘兮兮，非打入十八層地獄不可！

　　總而言之，在儒家倫理化性禁忌的社會機制運作下，社會化機構的功能又特別有效，人人在既保守又傳統的性觀念與性態度的影響與作用下，等待進入性制度內，去實踐傳宗接代的神聖任務。因此就理論而言，在性是罪惡又是不道德的影響與作用下，幾乎少有人會去追求性慾的快感，如果有的話，那也是例外中的例外，譬如西門慶與潘金蓮的例子，當然也是社會所要痛批的對象。

注　釋

❶陳秉璋著，《社會學理論》（台北：三民）。

第4章 現代工業社會時代：人文本位主義的性解放與性開放

　　我們在東方社會學的認知論裡即明白地指出：從社會的起源而觀，科技生產力的改變，決定了社會連帶的形式與機制，再促成與之相對應的社會約制力，以及政治強制力，最後才出現時代的優勢精神昇華力。然而，假如改從社會變遷的觀點而言，隨著歷史時間與社會空間的差異，就會有社會變遷的不同模式，歐洲社會的工業化或現代化正是一個典型的例子：先由文藝復興的精神昇華力啟動，再經宗教改革運動，啟蒙思想運動，政治革命運動，到工業或產業革命運動，而完成了整個現代化的社會變遷過程。有了此點認知之後，為了分析上的統合與一致性，對於工業社會的社會學力之分析，我們還是按照一樣的順序來進行。

社會學力的追蹤分析

一、科技生產力

　　就生產力而言，工業社會的最大特點，在於科學技術力或機械力完全取代了人的體力與自然力。這個生產力的重大改變，立刻促成生產方式、生產組織與生產價值等等的深層改變：農場變工廠、農村變都市、互助合作變功能性分工、自給自足的經濟變市場競爭經濟等等。換言之，社會個人主義的機械式社會連帶，已經完全被

純粹個人主義的有機社會連帶所取代。社會道德—規範既然是社會連帶的產物，建立在機械式社會連帶的倫理化社會規範，當然無法發揮其原有的權威，而逐漸被另一套社會規範—價值所取代。不僅如此，由於社會互動形式與生活空間的改變，以及功利化價值觀的洗禮結果，傳統倫理化性禁忌的存在理由，亦告消失。

二、社會規範約制力

在這一小節裡，我們所要追蹤分析的主題與焦點有二：(1)為何會出現功利主義道德規範？(2)為何又會促成性解放運動？其實，第一主題出現或形式，正好是促成第二主題出現的原因，因為個人在功利主義道德規範的約制下，是無法接受神聖化或倫理化性禁忌的要求或牽制。

為何工業社會會促成功利主義社會道德規範的出現？就規範的形式而言，它正是社會有機連帶的反射：純粹以獨立個體為規範對象。至於它的內涵，所涉及的面向雖然廣雜，不過，依照我們整理的結果，似乎可以歸納為：

1. 人文本位主義的確立，個人不再消失在天國、國家、社會或團體，而是以實實在在的個人，去參與規範的制訂，並成為約制的對象。
2. 理性主義的信仰：歐洲社會經過長期啓蒙思想運動之後，當工業革命爆發時，就已完全確立了理性主義的信仰，即相信每一個人都是理性的動物，不但知道自己的最大利益，且能經由分析與綜合判斷的過程，去選擇最有效的手段或工具，以便體現自身最大的利益。
3. 功利主義的價值：如上所述，在氏族或部落社會裡，一切社會價值皆被超自然主義思想所聖化，同樣地，在中國傳統農

業社會裡，一切社會價值則又被天人合一的思想所倫理化，相對地，到了工業社會的時代，在人文本位主義與純粹個人主義的影響與作用下，社會基礎既然建立在個人利益的計算與競爭上，一切社會價值的功利化，甚至於商品化或物化，也是很自然的事。

如上所述，任何傳統主義的性禁忌思想與機制——不管是神秘化或倫理化或神聖化——雖然表面上皆以個人為宰制對象，然而它所要實踐或體現的社會終極價值，卻又是超越個人的氏族、部落、宗族或家族等等。這一點足以顯示並說明，為什麼生長在功利主義道德—價值約制下的個人，已無法再承受任何傳統主義的性禁忌，而逐漸掀起性解放運動的原因。

三、權力強制力

研究歐美工業化或現代化的人都知道，所謂現代工業社會，其實就等同於西方資本主義社會。西方資本主義發展的最顯著特徵之一，乃是資產階級與無產階級的明顯對立。這種社會事實反射在政治思想上，則成為「民主與共產」的對立：前者嚮往一種分散與制衡的政治強制力，對人民的干涉越少越好，相反地後者則主張一種過渡時期的獨裁專制政權，對人民進行全面控制。人類歷經兩次世界大戰後，民主思潮似乎戰勝了共產，尤其是以美國民主式思想，正向世界各工業化社會蔓延，因此，我們似乎有理由相信並肯定，中央政治強制力對於人民生活世界的干涉與宰制，必然會越來越少，包括人民的性生活在內。

四、精神昇華力

　　西方資本主義發展的另一特徵，乃是物質文明的進步與精神文化的淪喪，隨著資本主義工業化的推進，人們逐漸沉迷於物質消費財的享受，對於傳統宗教信仰、哲學思考與反省，以及藝術創造等等的精神生活，則漸漸為世人所疏忽或淡忘！其結果：人們除了把性生活或性關係當做一種物質生活的快感享樂外，根本就無法亦無能透過精神昇華力，把性慾衝動或男女兩性的性關係或性生活，提升為一種愛慾或情慾關係，而去感受它所能帶來的美感！換言之，就性問題而觀，人已經返回到生物人或動物人的生活世界，沉迷於性慾的快感享受而已，根本失去了精神人的資格與能力，因而無法感受性慾被昇華後所能帶來愛慾的美感。

　　無可諱言的，禁慾主義所衍生的中西兩大傳統性禁忌思想、知識、制度與權力，對於穩定社會秩序與維持社會和平共同生活，自始就發揮出人們所共同期待的正功能。然而，一方面，由於性禁忌的社會機制本身，正立基於反人性或否定人性上，因此，經過長期的社會實踐與性權力的干涉與扭曲，確實延伸出許許多多不合乎人道主義的性宰制與禁錮。另一方面，隨著西方資本主義的發展與現代工業社會的來臨，人類整個日常生活世界也完全改變了。緊接著，引發了各式各樣的社會運動。單就性問題而言，從最早期發難的性解放運動，經性開放運動，到晚近的所謂性慾運動，其結果不但趕走了禁慾主義的性禁忌思想與體制，而且也締造了性迷亂的頹廢文明。在此先介紹這一連串的性社會運動，再來追蹤分析經過長期性解放與性開放運動過後，性知識、性制度、性權力與性個體的關係又變成什麼樣的新風貌？

性解放運動

　　其實，我們所要追蹤解析的性解放運動，就是一般所稱「女性主義運動」，為何我們採用前者？理由很簡單，因為它非常明顯地展現出「反性禁忌」的歷史性格，相對地，後者所凸顯的獨特歷史性格，則在於「反父權體制」。當然在西方歷史社會的性史演變上，兩者是一體兩面的性社會運動。

　　西方中古封建社會在長期神聖化性禁忌的壓抑與宰制結果，衍生了不少令人費解的社會扭曲現象，其中要以下列幾點為最：(1)神聖化性禁忌的社會機制本身，隱藏著許多違反人性與不合乎人道主義的壓抑與禁錮，尤其對於女性而言，情形最為嚴重；(2)神聖化性禁忌是建立在父權體制上，因而延伸出許多男女不平等與不平權的社會現象；(3)就基本精神而言，神聖化性禁忌對於男女的性觀念、性態度與性行為的壓抑與宰制，應該是一視同仁或完全一致的。然而，在實際日常生活世界裡的性關係或性活動，卻有天壤之別：男人可以肆無忌憚地享盡偷香的自由與樂趣，女人則要提心吊膽地承受歡愉後的恐懼與自責。

　　以上這些神聖化性禁忌所促成的社會扭曲，很明顯地，女人是最大的受害者。因此，隨伴著歐洲其他面向的社會運動之後，譬如人文本位主義的文藝復興運動、宗教改革運動、啟蒙思想運動、法國大革命以及產業革命運動等等，從十八世紀起，首先起義的是自由主義（個人主義）女性主義者，再經過十九世紀馬克思主義女性主義的批判，而進入二十世紀的存在主義女性主義與激進女性主義之運動。隨後產生各種流派如：精神分析女性主義、當代社會主義女性主義、女同志理論派、後殖民女性主義，以及生態女性主義等

等，不勝枚舉。因爲我們的旨趣不在於介紹女性主義是什麼？相反地，我們是把早期或前期的女性主義，當做一種反神聖化性禁忌的性解放運動來看待，所以就不談後期或當代的流派。

做爲一種性解放運動，早期女性主義所反對的，正是神聖化性禁忌所促成的種種社會扭曲現象，以下我們就簡單扼要地來介紹各家各派的主要主張與理念：

一、自由主義女性主義者

這是最早發難女性主義者，因爲受到十八世紀新資產階級的男人在反抗君權的啓示，她們也開始質疑男權的優越性與神聖性。因此，他們沿襲自由主義與理性主義的歐洲傳統理念，將之適用在女性身上則成爲：女人是人，所以具有理性，理性是人的共通本質，而性別只是偶然或次要的屬性，所以要「先做平等的人，再做次要的女人或男人。」

其次，她們根據人先驗的理性與後驗的社會平等之要求與實踐，推延出自由、自主與自我決定的原則：認爲女性生存的目的或終極價值，必須以自我實踐與自我潛能發展爲優先。換言之，女性的自我就是存在的目的或終極價值（做人），而非爲了做妻子與母親才存在（次要或性別的屬性）。以下就是幾位自由主義女性主義的典型代表人物：

㈠瑪莉・烏斯東奎芙特

瑪莉・烏斯東奎芙特（Mary Woldstonecraft, 1759-1797）非但極力主張男女平權，也鼓吹打倒封建貴族的特權，主張政治與公民平等權力。她認爲男女都同樣具有理性，只因爲現實體制與社會文化剝奪了女人受教育與向外發展的權利與機會，所以才使得女性較無理性與低成就。所她主張打垮所有社會被扭曲的不平等現象，使得

女人在自由與平等的社會體制下，學得一技之長，能夠取得經濟獨立，並擁有財產權，不再依賴丈夫，成爲丈夫心靈上與智識上的精神伴侶，這也正是歐洲十八世紀中產階級所最期待或期盼的理想婚姻：伴侶式婚姻（companionate marriage）。換言之，女性要先做爲一個獨立、自由、平等與自主存在的理性人，而理性的實踐則是透過妻子與母親的角色扮演去體現❶。

(二)瑪格麗特·芙勒

瑪格麗特·芙勒（Margaret Fuller, 1810-1850）是超越學派（transcendentalism）的信仰者，認爲人的形體乃是無限的宇宙心靈的顯現，所以人的存在必須發展其心靈潛能而與宇宙合而爲一。她不但主張女性在法律地位與世俗生活裡的男女平權，更進一步強調，女性有追求內在自由的權利：心靈的完美、智識的成長、理性與創造力的激發等等。她特別明白地指出，過去的女人太過於爲別人而活，而完全犧牲了女性自我，所以她特別強調女性的自我肯定、自我成長與自我實現❷。

(三)約翰·史都特·米爾

約翰·史都特·米爾（John Stuart Mill, 1806-1873）是十九世紀英國自由主義的典型代表人物，他對男女兩性的關係，有其相當獨特的看法：既有濃厚的道德主義色彩，又帶有世俗功利主義的取向。在其名著《女性的屈服》（*The Subjection of Woman*）一書裡，他直截了當地指出，由於法律的不平等，使得婚姻制度裡的男女關係，就好像主人與奴隸的上下關係。他主張女人應該有一技之長與經濟獨立的能力，才能在平等條件下與男人訂定共同生活方式，而體現中產階級的伴侶式婚姻之理想❸。

此外，他站在自由主義與平等主義的立場，主張取消或打倒所有社會既存男女不平等的關係，尤其應該給予女人完全平等的機會

與待遇，藉以體現毫無性別歧視的境界。

總而言之，早期自由主義女性主義者，皆帶有濃厚西方傳統哲學的二元對立思考模式之色彩：意念主義對物質主義、心靈對肉體、本質對現象等等，進而延伸出男性對女性、文明對自然、進化對原始等優越對低級或低等的不平等社會存在。尤其在神聖化性禁忌的社會機制下，產生了女性被歧視與不平等對待的社會扭曲現象。因此，他們全部站在自由主義的立場，大聲疾呼要女性本著與生俱來的理性，爭取男女平等與平權的社會存在。針對當時歐洲既存父權體制，男性優越次文化在歧視與壓迫女性次文化的社會不平等，自由主義女性主權的社會運動，確實扮演了一個歷史性的重要角色：喚醒女性追求男女平等與平權的自覺意識。

然而，身體並非純然的生物存在，更重要的，它往往是社會意識與特殊文化的形塑物。所以，假如單單強調男女天生或生物性的平等，而企圖追求社會體制內的平權，事實上，只會造成「男女形式上或法律上的平權」與「實質上或實際上的不平等」的落差現象。為了追求男女實質上平等與平權，並實踐人類真正的性愛自由，才又出現十九世紀初葉的烏托邦社會主義女性主義。

二、烏托邦社會主義女性主義者及其運動

這一派思潮及其婦女解放運動，興起於十八世紀末與十九世紀初，然而，一直被世人所遺忘，直到一九六○年代，當西方再度爆發第二波婦女解放運動時，新馬克思主義者（Néo Marxist）才喚醒世人去重視此一歷史運動。

自從十八世紀末葉，尤其是十九世紀初期，凡是主張婦女解放必須透過社會、政治與經濟等全面性結構之改造的女性主義或思想，皆可稱之為社會主義女性主義或狹義的馬克思女性主義。他們全面攻擊所有既存社會結構與制度的不平等，包括製造兩性對立，

扭曲人性的家庭與婚姻制度，反對所有支配與附屬關係，尤其是男性霸權文化，追求人性的全部解放，尤其是婦女的解放。唯有女性獲得自由與平等後，全體人類始有自由可言。所以法國早期烏托邦社會主義者傅立葉（Charles Fourler, 1772-1837）說：「每個時期社會的進步與變遷，乃由於婦女得到自由所致，社會的退化則由於婦女的自由減低了。」同樣地，英國烏托邦歐文社會主義的理論家威廉·湯姆士（William Thompson, 1775-1844）也說：「比較各國已婚婦女的地位，顯示一個社會整體的快樂與夫妻個人權利與責任的平等成正比。」歐文運動領導者之一，安娜·薇勒（Anne Wheeler）更是一針見血地感嘆說：「我不憎恨男人，我憎恨的是制度」❹。

由此可見，烏托邦社會主義女性主義者認為，婦女遭受壓迫，人性受到壓抑與禁錮，主要來自會製造社會衝突與扭曲人性的三種社會制度：宗教、婚姻家庭與私有財產制。宗教以人性不完美為幌子，創造無知迷信，鼓吹黨派矛盾與對立。家庭成為男性權力的來源，也是個人培養自私自利的場域。婚姻則迫使女人成為男人的財產，並阻止人們去追求人性的真愛。因此，他們主張在全面廢除所有社會制度與真正共產社會來臨之前，婦女應該積極追求三件事情的實踐：廢除既存男女不平等的婚姻制度、創導離婚自由與情愛自由（free love）。

三、存在主義的女性主義及其性解放運動❺

如上所述，當工業革命來臨時，歐洲婦女首次有機會走出家庭，參與外界的勞動市場活動。然而，由於傳統父權體制與全面性社會不平等機制的限制與宰制，婦女在經濟活動領域所承受的壓迫與不平等，更加深了女性主義的婦女解放意識。經過自由主義與社會主義女性主權的兩波婦女解放運動的結果，一直到二十世紀初葉，成效可以說相當令人失望。

人類經過第一次與第二次世界大戰的空前大浩劫後，人們對於戰爭期間毫無人性的奴役、監禁、屠殺、逃難及被占領的屈辱等等，逐漸產生對於社會現狀與生命本身的厭惡心理與荒謬感，進而促成一種輕生、厭世與避世的消極人生態度。存在主義做爲一種時代反潮流或逆流思想，正是要喚醒人們，既要接受現狀，更要戰勝精神創傷，勇於正視自己的厭惡心理，要以今日之我，去挑戰昨日之我，進而創造明日的新鮮我。同時，對於一般婦女而言，兩次世界大戰確是另具深層歷史意義：男性壯丁被徵赴戰場，婦女被迫走出家庭，扮演平時男性所專責的角色，可以說從日常實際經驗工作中證實了男女同等能力的事實，進而重新又喚醒婦女自求解放的意識。

　　所謂存在主義女性主義的婦女解放思想或運動，正是在上述歷史背景下的產物。在正式介紹該思潮或主義內涵之前，我們認爲有必要事先交代一下，存在主義女性主義的最主要關鍵詞：「自己」、「他者」的哲學源意。

　　黑格爾（George Wilhelm Friedrich Hegel, 1770-1831）把人類的心靈（psyche）看成「自我異化的」（self-alienated）的產物，稱之爲意識（consciousness），掌控或統轄著兩種完全不同存在形式的自我：(1)有超越性的自我（transcendental ego）或「在看的自我」（observing ego）；(2)固定的自我（fixed ego）（無自我超越能力），或稱爲「被看的自我」（observed ego）。法國存在主義者沙特（Jean-Paul Sartre）把「在看的自我」稱之爲「自覺存在」（pour-soi），而把「被看的自我」稱爲「自體存在」（en-soi）。自體存在也就是所有萬物所具備的物質性存在，譬如人的身體或動物的肉體，它是固定的、僵化不變的，不可能自我超越，可經由視、聽、嗅、味、觸覺來感知。相對地，所謂自覺存在，也就是在看的自我。則爲人類所獨有，它是掌控或宰制所有感官知覺行動的主體，而且具有自我超越的能力，它本身是非物質性的，卻是要與物質性的身體一起共生

共存，因而形成人類特有的內在緊張與矛盾的辯證關係：「心靈的精神性存在」對「肉體的物質性存在」。也就是說心靈永遠想企圖自我超越那固定化、僵化與物化的身體或肉體，但又需要身體或肉體作爲一個依附的客體、來對比心靈的存在❻。

這種人類獨有的內在緊張與矛盾之辯證關係，也非常明顯地存在於社會互動與人際關係上，只是以不同的型態出現而已。黑格爾早就指出，心靈需要視身體爲「他者」或爲異類，而自我也需要視他人爲異物，藉以證實自己的存在，確定自己的主體性，然而，自我與他者的關係，又非平等或對等的存在，因而呈顯出「主子與奴隸」的命令與服從或壓迫與被壓迫的關係。存在主義女性主義者的婦女解放論述，正是以此哲學立場與觀點爲出發，極力攻擊傳統性別文化與父權體制對於女性的歧視與宰制。

存在主義女性主義的大師西蒙波娃（Simone de Beauvoir, 1908-1986），在其曠世名著《第二性》（*The Second Sex*）裡，開宗明義就說：「自己／他者（self/other）之別，乃是人類思想的一個基本類別……而從一開始，男人便爲自己正名爲『自己』再把女人視爲『他者』……」。這種立場與觀點，正好回應了黑格爾與李維史陀（Lévi-Strauss）的觀點與論述。前者認爲人類意識中永遠對「他者」懷有敵意，後者則認爲人類由自然過渡到文明，如果「他者」對自我構成威脅，女人即對男人構成威脅；如果男人希望保有自由，就必須使女人屈居下位，臣服於男人，男人爲了要成爲自覺存在，便將女人貶抑爲只具自體存在。此外，波娃又進一步指出，女人不但一向受制於男人，更可悲的是，女人還將男人異化女人的觀點給予內化，而認同父權體制所建構的男尊女卑之性別文化。

波娃進一步就探討，女人變成「他者」的原因究竟何在？如上所述，在社會互動或人際關係上，當任何一方肯定自己爲主體和自由人時，「他者」的觀念就會隨之而起，並永遠視「他者」爲威脅，女人便是如此經由「男人的定義」而成爲「他者」。所以，在男

人的眼中，女人是絕對必要的惡物。至於爲何在男女兩性的關係上，男人會握有定義女人的權力？波娃提出兩個論點：(1)早期人類透過其身體與世界聯繫，而女性的生殖功能使她享有較少的自由，因爲受到懷孕、生產與月經等等的阻礙；(2)男人不但享有更多的自由，而且可以用來探索、發明，甚至於拿生命去冒險。經由這些行動，男人感知自己是主體，而把女人定義爲固定化、僵化與物化的客體，藉以呈顯男人自我超越的自覺存在。

女人被男人定義爲「他者」後，再經過漫長歷史歲月的洗禮，就逐漸沉澱出永恆固定的女性氣質或女人的宿命，以及男性霸道的父權文化。所以，波娃才感嘆地說：「女人不是生成的，而是形成的」（One is not born, but rather becomes a woman.）。

男人把女人定義爲「他者」之後，爲了維護男性霸道的父權文化，還透過種種神話或學說或論述，藉此正當化和合理化，甚至於合法化。以基督教的創世紀爲例，上帝先以黏土創造亞當，再以亞當的一根肋骨創造出夏娃，很明顯地隱喻著：亞當男性的主體性與夏娃女性的從屬性與依賴性。同樣地，具有異曲同工之妙的許多經典男作家，都會根據各人的自我形象，創造出所謂理想女性。譬如布魯東（Andre Breton）最喜歡像兒童的女人；斯湯達爾（Stendal）則喜歡聰明有教養與不羈的女人；孟特爾蘭（Henry Monterlant）所塑造的理想女性則是：女人的存在只是爲了讓男人覺得自己雄姿煥發！更絕的是勞倫斯（D. H. Lawrence）所創造的理想女性：完全放棄自己的一切心願，好讓她的男人能隨心所欲。

波娃從人類歷史文化的演化過程中，確認女人之所以變成今日的不幸處境，乃是被男人定義爲「他者」的結果。因此，任何婦女解放運動或女人處境的自我改善，必須從下列兩方面著手：(1)女人必須擺脫生殖的奴役，將生育權操之在我，現代科技與醫學的發達，已促成此一歷史性時刻的來臨；(2)積極參與生產勞動，打垮父權基地——傳統家庭與婚姻對女人的禁錮與宰制。換言之，婦女解

放後的現代女性，不但不接受傳統男性文化所定義的「他者」角色，而且要以「自覺存在」的主體性，重新調和女性的生育角色與勞動生產的角色，所以波娃建議所有女性，假如自己沒有「生育」的眞正樂趣，千萬不要去充當父權機制的生殖工具。

四、激進女性主義的女性解放運動

以上所介紹的婦女解放運動，可以說是歐洲傳統文化的反動思想，主要戰場也集中在歐洲與英倫。不過，隨著第一次和第二次大戰的影響與作用，婦女解放的女性主義思潮，也逐漸傳入美國大陸，終於在一九六〇年代末葉與一九七〇年代初期，爆發了席捲全球女性的所謂激進女性主義（radical feminism）。這股美國婦運史上最爲絢爛、熱鬧與豐富的女性自求解放思潮，其主要來源有二：(1)一群參與男性新左派民權運動的激進婦女，因爲深深感覺到被男同志視爲低下者、服侍者與性工具，又爭取不到任何發言權，在憤怒與幻滅之餘，揚棄新左派而獨立發展出來的女性解放運動；(2)原來活躍於全美婦女組織（NOW）裡有些少數婦女，因爲不滿意該組織的過份保守作風，而跑來參與者。

所謂激進（radical）一詞，乃取自語源上的「根」（root），表示要消弭婦女所承受的壓迫，必須創造一個新形式的革命性變化，比新左派的革命立場更極端，也比過去所有婦女解放的女性主義更徹底。

激進女性主義者強調，女人所承受的壓迫是最古老與最深刻的剝削形式，也是所有其他（政治、經濟、族群……）一切壓迫的基礎，因此唯有事先根除對女人的壓迫，才能有效消滅其他社會形式的壓迫。爲了探求婦女如何擺脫壓迫的途徑，她們所研討的問題焦點，都集中在與女人有切身關係的議題：性別角色、婚姻家庭、生育與母親角色、色情與強暴、女人的身體與心理等等，發出了女人

最赤裸的聲音。

㈠對父權體制的大力攻擊：所有社會壓迫的根源

過去有許多婦女解放女性主義者，或多或少受到左派馬克思主義的影響，往往把婦女所承受壓迫的禍根，歸於西方資本主義。激進女性主義者則發現父權體制或稱男性支配，才是婦女受壓迫的禍根。以下我們就列舉幾位代表人物及其主要論述，以供讀者參考。

◎葛瑞爾：女人全是被閹割了的被壓迫階級 ❼

葛瑞爾（Germaine Green）是最先發難攻擊父權體制的人，以其名著《女太監》（*The Female Euruch*, 1970）的書名，作者表達了最發人深省的基本理念：女人是被動的性存在，因為她已經是被男人閹割的被壓迫階級。父權體制創造了所謂「永恆的陰柔」（eternal feminine）的理念，要求女人必須是被動的、溫柔的、可愛的與體貼的。所以進而又必須是個囡囡，一個本質上是去了性的偶像、是年輕的、皮膚光滑無毛、肌肉有彈性，而且沒有性器官。這種被閹割的陰柔的女性，從搖籃時期就開始被塑造，女孩子在長大過程中，經由社會化的學習而加以內化，逐漸成為自己內在人格的道德體，而在青春期的時候，女孩子才正式變成女太監：認同並實踐所謂永恆的陰柔，而成為社會看待女人的刻板印象，尤其它所包含的「無性的形象」：女人只能充當男人的玩偶。

依照作者的看法，這種父權機制所塑造女人的無性形象，其最基本的邪惡在於對女人的性能量之壓制，其結果是：女人非但無法痛快地享受與生俱來的性歡愉，也影響到其他方面的社會生活與活動。換言之，父權體制對女人所閹割的不止是性本身而已，更延伸出種種婦女所無法承受的壓迫與社會不平等。

痛評父權體制之後，問題意識就轉化為：沒有被閹割的女人應該是什麼樣子？如何打垮父權體制？作者直截了當地說女人真正的

性稟性（sexual nature）和完整的人格，應該完全跟男人一樣，既主動又敢爲的。爲了體現這種理想境界，作者認爲必先廢除核心家庭，進而讓一夫一妻的婚姻制度也逐漸消失。同時，婦女必須從「永恆的陰柔」裡自我解放出來，發展出自主權的性，並表現在完整的自我人格裡。作者所提供性解放的主要方法是：以快樂原理取代強制性與強迫性的行爲，也就是說，女人應該以自發性、自我管理與非壓抑性的自由態度，勇於嘗試性愛的歡愉與享受，而不要再忍受父權機制的規範性壓迫。

◎彌烈：性即政治❽

葛氏的《女太監》完全集中在探討被壓迫女性階級的悲慘世界，卻是忽略了父權體制下男性統治階級所呈顯的猙獰與醜陋世界，彌烈（Kate Millett）的經典巨作《性政治》（*Sexual Politics*, 1970）正好補充了這方面的批判與痛訴。

彌烈在該書中特別強調兩點：古今中外的歷史顯示，以父權體制在壓迫女性，乃是普遍的社會事實，而父權體制的基礎或主要支柱，正是她所謂的「性政治」。依照彌烈的基本理念，所有父權體制必先透過神話、傳說或學說，極力誇大男女的生理性（biological sex）之差異，藉以建立男女的社會性別（gender）之不同角色，以確保男性擁有命令與支配的權力，並壓迫女性承受服從與附屬的角色安排。這套男尊女卑與夫唱婦隨的父權機制，透過政治、經濟、法律與心理等方式使女性完全臣服於男人，同時，更可怕的是，這套性政治的控制與剝削之最終行使場域，正是個人層次的隱私地——臥房。

總而觀之，《性政治》一書，作者直截了當地指出男性統治階級的霸權文化，父權體制本身又充滿了威脅與恫嚇的伎倆，在迫使女性乖乖地就範。因此，比較世故的女性都瞭解，假如她們失去了女性化的屬從性與附屬性，必將遭受「各種殘酷與野蠻的待遇」。

◎載力：婦女自身的心靈再造❾

　　受到當時語言分析哲學的影響，載力（Mary Daly）創造了不少精巧與奇特的雙關語與女性主義辭彙，藉以剖析父權體制對女性壓迫與剝削的本質：一方面讓世人看透父權體制的劣根性與可惡性，另一方面則為激進女性主義注入了不少新元素，使「激進」一詞得以超越事實論述而具有形而上的意義。

　　在她早期的著作《在聖父之外》（*Beyond God the Father*, 1973）裡，就大膽地發出叛逆性狂語說：基督教的整套象徵系統，本質上是壓迫女性的。這種話竟然來自一位虔誠的天主教徒，實在發人深省！

　　她採用語言分析哲學的觀點與立場，認為所謂的事實（reality），乃是藉由語言所建構起來的。所以她提出所謂「新辭彙之旅」（voyage of new words），一方面要解構或摧毀父權體制下不真與不實的語言建構，另一方面更要以新語言建構出真正女性存在的實在。譬如她所建構的「Gyn/Ecology」，正是最為典型的代表。這個新語詞原來是一個字：Gynecology，原意是：醫治婦女特有的功能及疾病的醫學和婦女學。她把它解結再重構為Gyn/Ecology，並賦予新意義而成為：有關選擇當主體而非調查對象的「自由的」婦女的學術。很明顯地，她想透過這個新建構的語言方式，喚醒女性要重建主體性與自主性的意識，進而擺脫傳統父權體制的宰制與壓迫。Gyn/Ecology總共分成三個階段，茲分述如下：

　　1.第一階段——解構父權體制：她開宗明義地抨擊父權體制說：「父權制度本身是盛行於整個地球的宗教……所有宗教——從佛教、印度教到回教、猶太教、基督教，到世俗的封建制度、楊格學說、馬克思主義、毛澤東思想——均是父權制度這座大廈的下層結構。」同時，她又進一步指出，父權制度的基本秘方，在於它的寄生性與戀屍癖：男性看不起、歧視、

壓迫與剝削女性，卻又不能沒有女性，否則就活不了。因此，男人所愛的女人，充其量也只不過是被迫害成行屍走肉的異性而已，那有什麼真情純愛可言！

2. 第二階段——摧毀「虐待儀式」（sado-ritual）：父權制度為了鞏固它的基礎，並持續延伸它的生命，創造了各式各樣的「虐待儀式」，譬如中國的婦女纏足、印度的寡婦自焚殉夫、歐洲過去的焚燒女巫、非洲的陰蒂切除與陰道口縫合術……甚至於當今流行的避孕藥等等。她沉痛的指出，就人文本位主權與人道主義的觀點與立場而言，這些違反人性並具殘酷性的虐待儀式，早該遭受世人所唾棄而消失，為何還能殘存於世？因為這些儀式全被男性學者以價值中立的語言及概念化著述給予合理化與正當化了。女人為了走出這種父權制度的陷阱與陰霾，必須進行第三階段的心靈重構：找回女性自身的主體性與自主性。

3. 第三階段——女性心靈的重構：婦女生態的形成。解構父權制度，並摧毀虐待儀式之後，她立刻呼喚所有婦女應該退出一切父權制度及其支撐結構：教堂、學校、學術組織、異性戀、學術組織等，並進行女性內在心靈的解構與重構過程。心靈的解構是指一種驅魔的外化過程：排除或消滅所有虐待儀式所帶來心靈／精神／肉體的污染與流毒，緊接著，必須進行心靈的重構，它是指一種迎神的內化過程：從新認知／新行動／新自我的過程，去找回並重塑新女性的主體性與自主性，如此便能創造一個認同女人的新環境，此謂之婦女生態（Gyn /Ecology）。

㈡性與性別角色：男女支配關係的生理根源與女性被壓迫的社會建構

　　激進女性主義除了極力炮轟父權體制外，雖然還涉及其他相當多且廣的問題面向，不過似乎都把火力集中在性與性別角色的攻打上。正如麥金龍（Catharine Mackinnon）所指出：性是男性權力的所在（locus），而社會性別是根植於異性戀制度的社會建構。因為在性的實踐上，形成了一種普同性的社會刻板次文化：男人天生是有侵略性和支配性的，而女人生來是被動而順從的。所以，男性對女性的暴力也就被正當化與合理化了。激進女性主義更進一步指出，女人的性是為男人而存在，相對地，男人的性並不是為女人存在的事實，從以下各種案例的存在來看，可以說是再明白不過的了：娼妓是為誰而存在？色情是為誰而產生？誰在強暴或強姦誰？誰在性騷擾誰？誰在毆打誰？答案似乎很明顯，都是男性的性在做怪！

　　基於以上的認知，激進女性主義認為，女人的個人認同與她的性是緊緊連結在一起的，因此除非性能夠重新加以構想、配置與建構，否則女人將永遠受制於並附屬於男人。激進女性主義所提出的政略，雖然五花八門，不過，似乎可以歸納成下列主要類型：

◎陰陽同體（androgyny）論或稱為中性論或單性（unisex）論

　　在一九七〇年代初期，有些激進女性主義者認為，兩極化男女兩性的性別差異，既然女性是被壓迫或受剝削的主要社會根源，只要能夠消滅它的存在，不也就能夠實踐男女平等的理想了嗎？因此她們提出此一論述與主張。譬如海爾布倫（Camlyn Heilbrun）就指出，在西方文學與神話裡，有一個界定人數為結合男女性質的長遠傳統，這種平衡的觀點，可以用來取代男女兩極化的當代文化，使得男女雙方都可以兼具男性與女性的特質。此外，陰陽同體心理學更證實，最伶俐與有成就者，往往是最具陰陽同體性格的人，同

時，她們又指出，一旦所有男女在心理上都是陰陽同體人，生小孩與否可由女性單獨選擇或決定，至於育幼的問題，也會因為男人兼具女性特質而成為男人的嗜好。這種來自傳統陰陽同體觀的論述，後來又延伸出不少異曲同工之妙的論述如下：

首先是陰陽同體的社會論，這是佛蘭曲（Maxilyn French）所提出的獨特論述，她的主要理念是：支配權力（power-over）是支撐父權制度的奴役性意識形態，而共享快樂（pleasure-with）才是可以破解父權制度的解放性意識形態。前者是指一個團體或個體對其他所有人的支配，它是陽性世界的基礎，它只容納對自己有利或有用的價值，相對的，後者是指一個團體或個體肯定其他所有人的能力，它是陰性世界的基礎，它能夠容納各式各樣的價值與經驗。因此，對佛氏而言，新陰陽同體人是兼具傳統做女人的優點與做男人的優點於一身，而又能夠完全發揮潛能的人：擁有權力並非要去支配他人，相反地，是企圖去創造更多的快樂給眾人來分享。換言之，傳統父權制度下的陽性價值，經過描述意義與評價意義的重新詮釋後，得以建構新陰陽同體人，近而體現或實踐陰陽同體社會的理想：愛、同情、滋養性與分享等所構成的陰性價值，和結構、控制、占有與地位等所構成的陽性價值，兩者都能平等與對等的受到世人的珍視與接納。

◎邁向無性社會的極致

上述陰陽同體論的無限延伸，就成為無性社會的追求。典型的代表人物有法國激進女性主義者維蒂格（Monigue Wittig）和美國激進女性主義者朵金（Andrea Dworkin）。前者認為一般人都犯有一種錯誤認知，以為女性生小孩是自然的與生理的過程。其實它是一種「強迫性生產」的歷史過程：父權體制不但設計女性要生小孩，而且又有生育計劃的人口政策。同時，她也否認女人的身體是生理的既成事實，女人並不構成一個「自然團體」，而是父權體制所形塑的

「人爲社會實體」，所以她說：「女人被看成女人，所以她們是女人，但在被看成那樣子之前，她們已經被造成了那個樣子。」

後者的觀點與前者相近，不過論述則不一樣，她論證說：「我們人類顯然是有多重性別的物種，它的性取向沿著一個極廣大的不固定連續體伸展，在那裡我們稱爲男性與女性的元素，並非涇渭分明的。」不過，很不幸地，我們總是將「人」概念化成一定是男性或女性，這是扭曲了人類有非常多樣的跨「性」之特徵事實。更令人痛心的，在父權體制下，這些概念化生理理論的社會建構，其分類全是符合男性利益的，因而在性別角色的配置上，女性就完全受到了壓迫與剝削。

這兩位激進女性主權的論述與論證雖然不同，不過，就其終極目標而觀，卻又是殊途同歸：人類的生理實體本身既然是父權體制的社會建構，則應該透過一種重新概念化過程，給予完全解構，進而促成一種人類生理的實質改變。最終得以消除生理性別本身的差異（the elimination of the sex distinction itself），並實踐一個無性別社會的理想。

◎婦女本位論

面對父權體制對於女性的壓迫與剝削，早期婦女解放運動者，都把焦點意識放在：從婦女身上尋找承受壓迫與屈從的原因，再從女性的心理與生理層面去重建新女性性格，藉以跟男性平起平坐。即使是早期的激進女性主義者，也仍然自限在此格局內去探討問題並尋求解放之道，只是立場與態度比較偏激與極端而已。

不過，到了一九七○年代中葉，情況就完全改觀了，激進女性主義者開始認爲，過去婦女解放運動的立場與觀點，未免太過於自戀而且侮辱了受壓迫的婦女本身，所以就提出所謂婦女本位論：拋棄承受壓迫與剝削的自憐心態與身分，婦女應該以充滿自信與獨立自主的個體，去開創嶄新的婦女天地與女性新文化，藉以抗衡既存

的男性文化或父權體制。因此他們不但頌揚「做女人」（womanhood）的倨傲，而且特別強調女性生理的固有力量，以及女性生理所特有的創造力，所以過去社會對於女性心理與生理所建構的刻板或偏差印象，如今卻又成為婦女自求解放的力量來源。正如心理學家米勒（J. M. Miller）在其《女性新心理學》（*Toward a New Psychology of Woman*）一書所追問：我們何不將婦女歷來所受的壓迫視為一種婦女力量與權力的潛在來源？她建議婦女應該珍惜本身的經驗，因為這種被壓迫體驗性知識，正是婦女自求解放的力量泉源。

同樣屬於婦女本位主義的激進女性主義，又可依照其終極目標或目的追求區分為二：

其一，分離主義：創造女性文化為其終極目標。為了擺脫婦女受壓迫或被剝削的不平等社會地位與配置，某些激進女性主義者主張，應該採取與男人決裂的方式，一方面從傳統「女人味」定義裡退出，拒絕逢迎「真正的女人」的社會期待，進而認同擁有自主性與獨特性女人的女人，這種新認同將是女性自求解放的革命性變遷之力量泉源，他一方面則致力於創造婦女空間與女性文化，既可以甩掉父權體制與男人所加諸於婦女的傷害，又提供能真正滿足女性需求機構：諸如婦女醫療中心、婦女教育方案、被毆打婦女的庇護所、婦女事業、婦女書店、婦女餐廳等等。

最後分離主義者特別指出，性乃是男性權力的所在，因此，在採取與男人決裂方式之後，新女性必須本著其自主性與自導性，對「性」本身重新加以構思與重新建構，否則女人將永遠附屬於男人！

其二，女同性戀主義：斷絕與男人的性關聯。分離主義的最極端，它是這裡所謂的激進女同性戀主義（radical esbianism），她們以「斷絕與男人的性關聯」為出發點與基礎，以婦女的自主性與主導性去建構純粹屬於女性的性文化，正如她們所聲稱：女同性戀不止是性偏好而已，也是一種政治獻身。也就是說，不但要切斷任何與男人的性關係，也要打垮父權體制所建造的男性霸權文化。所以邦曲

（Charbotte Bunch）才會認爲異性戀者並非完全合格的女性主義者，因爲異性戀的眞正本質、定義與性質，就是男人優先。相反地，女同性戀主義則是對男性至上的意識形態、政治與經濟基礎，構成威脅與致命打擊。也許我們可以這麼說：女性主義乃是婦女解放運動的理論倡導，而女同性戀主義則是婦女解放運動的實踐。

性開放運動

　　傳統禁慾主義所建構的性禁忌體制與父權制度，經過長期與持續的女性主義婦女解放運動之痛批與洗禮，所有對於性的人爲宰制與禁錮之社會機制，已經逐漸由鬆動與動搖而趨於瓦解和消失，尤其那些帶有壓迫女性與違反人性或人道的性禁忌。人爲與外加的性宰制與禁錮雖然在逐漸消失。然而，人們長期在性禁忌的壓抑與扭曲之影響與作用下，個人對於性觀念、性態度與性行爲所抱持的保守性格與自我壓制習性或慣性，並不會主動地或必然地隨著性解放運動而自行轉化或改變，而是經由某些前衛或先驅思想的喚醒與推動結果，才會產生明顯的變革。這一波專指個人對於性認知與性實踐在觀念、態度與行爲等三大層次的改變，我們稱它爲「性開放運動」，也就是說，個人是如何鬆綁業已內化的性枷鎖之社會運動。

　　因爲性開放運動是專指個人對於性觀念、性態度與性行爲的改變，所以，在西方性史的演變上，所涉及的面向可以說既多且廣，我們只能把比較重大的歷史事實分別依照下列三大類型，整理於後，以供讀者參考：(1)性開放的相關思想性論述；(2)性開放的性新認知：性觀念的改變；(3)性開放的性新態度與新行爲：性的社會實踐。

一、性開放的相關思想性論述

㈠文藝復興運動所建構的人文本位主義思想

表面上看起來，既然是一種文藝復興，跟我們的性開放應該是河水不犯井水，毫無關係或相干可言，然而，其實不然，兩者有著極其重要的關聯性。

依照基督教的思想與教義，把性視之為罪惡之源，對於男女兩性的關係，基督教的教義與儀式，都設有非常嚴苛的戒律與禁忌，歐洲文藝復興所追求的終極目標與基本精神，如眾所週知，正是所謂「人文本位主義」：企圖把地上王國的人類，從天上王國的上帝手中解放出來，成為自己命運的主宰者。人類一旦成為自己命運的最高與最終主宰者，那麼，上帝的子民之說，也就不攻自破，因而所謂原罪的性觀念，也就無法成立，最後基督教對於男女兩性關係的嚴苛戒律與限制，也逐漸遭受世人的質疑，終於發生動搖。

㈡盧梭的自然主義思想之影響與作用

在歐洲啟蒙思想的時代，出現了一位嚮往自然並主張返回自然的人文思想家，那就是法國偉大的思想家兼大文豪盧梭。他的自然主義思想，對於當時所盛行的性觀念與男女兩性關係的戒律與限制，引發了極大的質疑與挑戰：把性視之為原罪和不道德的觀念，都認為是人為的與社會的產物。因此，都是不好的，依照自然主義思想，性應該是中性的與自然的，所以，任何對於男女性關係的嚴苛限制與戒律，也都是人為的與社會的產物，因此，必然是不好的，違反人性或反人道的產物。

就此觀點而言，如果我們說盧梭的自然主義思想，乃是現代性開放思想與運動的先驅，應該是相當正確的。

㈢工業革命對於男女兩性關係的影響

發生於十九世紀末葉的工業革命，對於男女兩性關係的作用與影響，可以從下列兩方面來看：

1. 隨著大量農村勞動人口的流向都會區，原先過於傳統與保守性格的農村婦女，在都會區比較激進與現代化精神的影響下，女性已經逐漸開始從傳統的束縛中，去尋覓自我的解放。
2. 大量的婦女開始投入工廠的生產行列，一方面，經由工作提高了女性自覺。另一方面，在工作領域的分工合作過程中，逐漸提升了女性的社會地位。

㈣第一次世界大戰對於男女兩性關係的作用與影響

一九一四年第一次世界大戰爆發之後，歐洲各國的男性，大量投入戰場，於是女性就被迫取代了男性原本的位置，紛紛投入勞動生產的行列，間接地，對於女性的自覺，產生了極為重大的影響，並在無形之中提高了女性的社會地位。

以英國為例，這個時候的英國女性，已經逐漸地能夠從十九世紀維多利亞時期的性格桎梏當中自我解放出來，對於衣著，對於自己的身體，以及男女兩性的互動關係等等，都逐漸展現一種相當開放的心態，不再受制於重重禮教的束縛，以及厚重服裝的包裹。

㈤全球性節育運動的興起所帶來的衝擊

在第一次世界大戰爆發後，一直到一九二〇年代初期，首先在英美等地區，出現了所謂節育運動，不久就很快地蔓延到世界各地，成為二十世紀初葉的全球性運動，在所有的倡導者當中，首推美國的山額夫人（Margaret Sangeh）最為有名。

依照當時各國的既存法令，在絕大多數的地區與國家，節育不但是被禁止，而且是違法的，但是，因著現代避孕藥與有效器材的大量發明，「性」，這個人類的最基本慾求，才能在觀念上和生物性的生殖功能區分開來，而節育運動也才能逐漸被世人所接受，而成為全球性的合法運動。

　　從此，人類的性行為，不再被侷限在合法的婚姻架構中，負責傳宗接代的工作，相對地，已經被解放而排放在公開場合的男女兩性互動裡。這正如當時著名的哲學家羅素（Bertrand Russell）所說的：「性愛，即使不在婚姻的架構之下，即使不為生兒育女……其本身也是一樣高尚、美麗而愉快的事」。

　　一九三〇年代初期，由於長期世界性經濟蕭條的結果，英美等國家乃著手於限制家庭人口的成長。於是，節育才在政府的主導下逐漸被合法化，並落實為一九四〇年代的「計劃生育」之政策。間接地，也使西方人民，特別是女性，對於「性自主」的權力主張，更向前推進了一大步，一向過於保守的傳統性觀念，亦被一掃而空，代之而起的，正是風行一時的所謂性開放之觀念。

㈥文化人類學家研究原始部落社會生活所帶來的影響

　　在第一次世界大戰結束之後，掀起了一股文化人類學家研究原始部落社會生活的熱潮，在他們發表研究成果的文章時，往往附有許多原始部落的生活裸體照片，以及大自然的美麗景色，對於生活在虛假文明與性桎梏的現代工業人，引發了相當程度的震撼與挑戰，因而產生了相當明顯的溫室效應：解脫虛假文明的男女兩性關係，以及打破傳統性禁忌的神祕面紗。

㈦《第二性》一書的威力

　　一九四九年，法國存在主義哲學家西蒙・德・波娃，發表了其名著《第二性》一書，深刻地檢討了西方社會當中女性的弱勢地

位，而這一本書終於也成為爾後英、美、德、法等國在一九六○年代掀起「性革命」時的理論依據，以及其行動的精神指引。

(八)性學大師金賽的震撼

針對美國人民的性生活，金賽（Alfred Kinsey）大師於一九四○年代末期，持續進行調查，揭示了美國大眾在實際性行為當中的多樣性與差異性，並在爾後陸續提出的報告當中對一般大眾提供了若干正確的性觀念和相關知識，使得「性」可以更進一步地揭開神祕面紗讓民眾也更能坦然面對，特別是女性，對於「性自主」的權力主張，更向前推進了一大步，一向過於保守的傳統性觀念，亦被一掃而空，代之而起的，正是風行一時的所謂性開放之觀念。

(九)北歐各國的性教育

一九五○年代初葉到中葉，北歐各國，以瑞典為首，陸陸續續由政府推動性教育，把正確的性觀念與性知識，經由學校的正統教育，灌輸給年輕人，藉以引導他們的性行為。

北歐各國的性教育，首先啟開了性開放思想的先河，其後就逐漸轉化為性開放的實踐，盛行於一九六○年代的歐洲，再跟當時流行的反戰思潮相結合，就成為極盛一時的口頭禪：「做愛，反戰」。

(十)《女性的奧秘》一書的回響

一九六三年，美國女作家貝蒂‧佛麗丹（Betty Friedan）發表《女性的奧秘》一書，描寫了美國婦女在二次大戰結束至五○年代期間，為了成就「家庭幸福」而犧牲自我，把性愛當成交換工具，換取生存安全的內在困境。由於描繪極為生動又深刻，所以此書一出版便激盪起了許多美國女性的積極回響。

㈢一九六八到一九七〇年代的性解放思潮

就社會思潮而言,這正是所謂後現代主義思想的啓蒙時期。此時,自由主義思潮也首先誕生於西方國家的大學校園中,並且在各國之間迅速瀰漫開來。在諸多打倒舊威權體制,爭取個人自由的呼聲當中,「性開放」於是成爲當時年輕人想要徹底打破傳統性別分工,粉碎性別神話的積極訴求之一。

更由於上述各種論述、調查與著作的推波助瀾,以及口服避孕藥的發明,使得這一波「性革命」的實踐,更能夠快速地展開,不僅在深度方面爲爾後一九八〇年代的婦女主權運動、同性戀運動、墮胎合法化運動……,奠下基礎,也在廣度上深刻地影響了世界其他地區,使「性解放」成爲一種廣及全球的普遍現象。

二、性開放的性新認知:性觀念的改變

從性開放的相關思想性論述,我們不難發現兩件不爭的歷史事實:⑴面對歐洲中古封建社會的宗教獨斷主義與神聖化性禁忌之壓制與扭曲人性、性解放與性開放的思潮,早有其知性歷史根源可尋;⑵不過眞正促成性開放的性新認知,則是十九世紀末的工業革命,同時,性觀念的改變必然是潛性的長期過程,一直持續到二十世紀中葉,性開放的性新認知才完全取代性禁忌的性觀念,因而陸續出現形形色色的性新態度與新認爲:性開放的社會實踐。本節的主要目的不是在追蹤分析其變遷過程,而是要呈顯性新認知後性觀念之實質內涵爲何?因爲除非我們眞正掌握並正確瞭解它,否則就無法詮釋與接受一九六〇年代以來的性開放之社會實踐:性態度與性行爲的大膽作風。

經過長期性開放思潮的論述影響與作用,人們對於性的認知,也逐漸產生了明顯的改變,進而形塑了我們所謂性開放的性新觀

念。如果就其實質內涵與傳統性禁忌之性觀念作比較，則有下列各點的明顯差異：

1.原先人是被視爲上帝的子民，而性又附著於人體的身上，因而帶有「非凡俗」的神秘色彩。相對地，性開放對於性的新認知，則把人視爲生物體或動物體。因此，附著於肉體的性，只不過是世俗或凡俗的生理衝動而已。換言之，這種對於性的新認知或新觀念，業已解開了傳統對於性神聖化的神秘面紗。

2.擺脫「性是原罪」的宗教觀，把性看成是自然的與中性的事物，生理性是無關道德的或非道德的（a-moral）。

3.從傳統禁慾主義的純粹生理性（pure biological sex）轉化爲現代唯美主義的愛慾或情色藝術。也就是說，人們對於性的新認知，已不再像從前單純透過感官知覺去體察或感受什麼是性，而在感受之外又加上主觀的想像力，得以把純粹生理性轉化或昇華爲一種愛慾或情色藝術，進而去實踐唯美主義的性美感。

4.排除傳統性權力對於性的干擾、宰制與壓迫，重新建立個人對於性的自主性、主導性與自控性。這種對於性的新認知與新觀念，逐漸促成了自由戀愛與自由離婚的新婚制。

5.放棄傳統狹義的性（單指生殖器官的性），改採現代廣義的性（泛指所有肉體所能產生感官快感的性）。對於性的這種新認知或新觀念，將改變或擴散男女兩性的性關係：傳統僅限於生殖器官的接觸，稱之爲做愛或性交或交媾，如今則擴及擁抱、接吻、愛撫、口交等等。這種改變或擴散的結果，又延伸出另類的社會問題：從前只有合法化性交之外的色情問題，如今則增添了形形色色的性騷擾問題。

6.男女兩性的性關係，一定要建立在「道德人格、自由意願、

身體美感與生命尊嚴」的平等與對等之彼此尊重上。因此，任何一方不得有欺瞞、謊騙、誘拐、奸詐、威脅、輕視與壓迫等作為。

7. 從前一直都把「性事」當做大眾事物或公眾領域看待，所以特別強調或重視性權力的介入與宰制。相對地，性開放對於性的新認知或新觀念，則把「性事」視為私領域，所以堅決反對性權力的干擾與介入。

8. 破除傳統父權體制所建構「社會性」的男女不平等與不平權的性次文化，改從生理性的立場與觀點，去建構男女平等與平權的性次文化。也就是說，性開放對於性的新認知或新觀念，一方面要排除附著於社會性的歷史或文化污穢——人為的不平等，另一方面則要還原為生理性的真——自然的平等。

三、性開放的社會實踐

性態度與性行為的大膽作風：以上所列舉的重大歷史事實，皆屬於所謂性開放思想的論述或理論。其實，在社會日常生活世界中，我們也能觀察到形形色色或無奇不有的性開放之實踐。同樣地，在諸多歷史實例中，我們就列舉某些較為奇特的案例如下：

㈠男女自由戀愛與自由離婚風氣的形成

西方神聖化性禁忌與父權體制，經過長期性解放的社會運動之影響與作用，隨伴而來的正是性開放的社會實踐：自由戀愛與自由離婚。在歐洲中古封建社會的時代，這種風氣不但不可能存在、而且是絕對被禁止的，因為性是一種原罪，所以除了被制度化與合法化的男女性關係之外，都屬於社會偏差行為。然而，性原罪的神秘面紗一旦被解開之後，人們對於性觀念、性態度與性行為，也都逐漸走出傳統禁慾主義的陰影，終於促成了自由戀愛與自由離婚的新

風潮,如今並已成爲西方男女兩性的典型互動模式。

㈡都會叢林的特殊色情行業

隨著性開放的風潮,在世界各大都會區與大港口,各種五花八門的特殊色情行業,就像雨後春筍般地湧現,從傳統的交際舞、大腿舞、牛肉秀,到無奇不有的陪酒坐台與性交易,眞叫人眼花撩亂。過去在禁慾主義與性禁忌的宰制與約制下,任何色情行業都是不被允許的。然而,隨著性開放的風潮,性不但不再被視爲一種罪惡,而且也被視爲「私領域」的範圍,公權力也不想再去干涉它:所謂色情行已消失了色情意涵。

㈢色情文學與色情電影的出現

經過長期性解放運動的洗禮,以性爲主題的所謂色情文學,早在十九世紀中葉,就已經在世人訝異與驚嘆聲中逐漸打開了它的市場,而且很快就征服了世人,我們將在後面進行非常深入的追蹤探討。此外,以性爲主題的所謂色情電影,也開始在一九六〇年代大行其道,把傳統的文藝愛情電影,打得落花流水。假如我們把色情文學與色情電影的崛起與盛行,視爲日常生活世界的性開放本身之實踐,那麼,我們也就不難看出另一歷史事實:工業在造就富裕物質生活世界之同時,也掏空了人的心靈或精神生活世界,而「性」正好是後者的速食營養大餐。

㈣海邊沙灘的無限春光

自從第一次和第二次世界大戰後,世人對於生命本身的詮釋與人生態度,都逐漸走向古希臘後期「犬儒主義」的後塵:人生無奈,今朝有酒今朝醉,明日愁來明日當,因此,在工作之餘,閒暇與放假的時候,很喜歡跑到海灘去游泳、戲水與曬太陽。這種休閒生活世界也逐漸形塑了性開放的另一實踐,那便是我們所謂海邊沙

灘的無限春光：男女熱情的鏡頭，從三點、二點、一點到半絲不掛的全裸。

㈤天體會與天體營

　　當性開放浪潮席捲歐美社會時，有不少激進或前衛份子，尤其是那些自稱是嬉皮的新新人類，就以全裸的方式聚集一起，推行所謂沙灘天體會或陸地天體營的集體共同生活，一時蔚為奇觀。

注　釋

❶顧燕翎編，《女性主義——理論與流派》（台北：女書），頁九～
　一〇。

❷同註❶，頁一〇～一一。

❸同註❶，頁一一～一二。

❹同註❶。

❺de Beauvoir, S., *The Second Sex*, H. M. Parskley, trans & ed. New
　York Knopf Inc. 1947/1953.

❻ Hegel G. W. F., *Phenomenopogy of Spirit*, Oxford, 1980.

❼ Greer G., *The Female Eunuch*, New York, Banthan Books, 1971.

❽Millett, K., *Sexual Politics*, New York, Ballantine Books, 1978.

❾Daly, M., *Gyn/Ecology: The Metaethics of Radical Feminism*, Boston
　Beacon Press. 1978.

第二篇

性與真善美：
社會學的靜態實證研究

經過性意識史的動態歷史追蹤分析之後，我們發現一件歷史事實：原本與生俱來而毫無任何屬性的「性」，會隨著人類的歷史時間與社會空間的流轉與差異，世人就會賦予不同的屬性，而形成各式各樣的性觀念或性知識與性制度。立基於這種歷史事實的認知，我們要進而提出更深層的主題質疑與焦點意識：什麼是性的廬山真面目？為何與如何被賦予什麼屬性或什麼內涵？原本不存在的所謂色情，又是如何產生的？什麼又是情色藝術？在日常生活世界裡，性、色情與藝術三者，是否具有理論的或是實踐的辯證關係？

　　性意識史的動態追蹤分析，既然採用了東方社會學的社會學力分析法，我們也想再運用東方社會學的特殊工具概念，透過實際的深層觀察與實證研究的結果，企圖回答上述的諸多問題。

　　誠如實證主義社會學大將涂爾幹所主張，任何工具性概念的使用，尤其是特殊性與創意性工具概念，研究者必先賦予明確的操作性定義，否則，不但無法在社會科學園區裡跟他人溝通，而且很容易產生誤解的憾事。以下就是我們所要使用特殊性與創意性工具概念之操作性定義。

一、社會學人

　　這是我們所要觀察與研究的社會行為者或行動者的最基本單元或主體，由生物人或動物人、倫理人或道德人、精神人或心靈人等所組成的複合體。因此，我們對於日常生活世界的性活動與性生活之觀察與研究，也分別以生物人、倫理人與精神人三大面向為切入點或切入面。

二、真善美做為工具性概念

　　真善美這三大概念，在過去歐洲基督教文明之發展過程，占有

極其重要的地位與貢獻❶。有趣的是，當我們經過長期觀察與實證研究之後，竟然發現人類的性活動或性生活，也涉及所謂眞善美的面向與問題。不過，經過詳細比較與深層反省的結果發現，假如觀念或概念形式相同，其實質的內涵則相差甚大。因此，我們就從比較的角度，提出我們的概念內涵之界定。

(一)從西方哲學的「眞」到我們社會學的「眞」

一般說來，西方哲學所追求的眞，乃是先驗性存在的眞，稱之爲眞理。相對地，我們社會學所發現的眞，乃是指後驗性存在的眞，姑且稱之爲眞象；相對於任何人爲的或是社會的實在，我們可以透過感官知覺去覺察到的自然現象之存在。譬如生物人或動物人的性需求或性衝動，就是一種後驗性存在的眞，一種非人爲或非社會的自然實在，只要是人，在自然界的活動中，必然就會有，這是一種眞象，除非是病態或突變，則屬例外。因此，首先我們所要研討的主題是：生物人或動物人的性與自然眞（natural true），也就是說，做爲一個自然人，這種與生俱來的性，到底其眞象爲何？

(二)從宗教或神學的「善」到我們社會學的「善」

世界上不管什麼樣式的宗教或神學，一般說來，一定是在勸人爲善，不過，這種善的眞實意涵具有下列特徵：善具有普同性與絕對性，適用於任何時空的任何人，而善所要實踐的終極價值，並非今生今世，而是指向來生來世的另一世界❷。相對地，我們社會學所要研討的善，則是社會道德─規範所要實踐的社會善，就其實質內涵而言，社會善亦具有下列各種特徵：獨特性與相對性，它是後驗性社會共識的產物，因歷史時空與社會空間的不同而有差異，同時，社會善所要實踐的終極價值或目標，也僅止於今生今世的現實生活世界。由此可見，所謂社會善，乃是人爲的與社會的後驗性文化產物。譬如自然人或生物人的性，因無法直接見容於社會生活世

界，所以就要透過社會化的過程，把生物人或動物人轉化爲道德人或倫理人，而在社會善的約制與宰制下，去追求性需求的滿足。這就構成我們所要研究的第二個主題：道德人或倫理人的性與社會善。

㈢西方藝術的美與我們社會學的美

基本上，西方藝術的美，不管是宗教的，或是哲學的，或是美學的，都屬於脫離日常生活世界的抽象化或理論化之美。相對地，我們社會學的美，則是社會日常生活所反射的美！也就是說，個人或個體是如何透過生活的實踐過程中，去追求超越快感的美感。譬如就性問題而言，在日常生活世界中，個人或個體是如何透過其精神或心靈活動，去獲得性美感的實踐。這就構成我們所要研究的第三個主題：精神人或心靈人的性與生活美的問題。

三、社會學人及其四大基本需求❸

什麼稱爲社會學人？簡單地說，就是社會上的每一個人或個體，都是三位一體的複合體，即由動物人、道德人與精神人所構成的個人。每一位剛出生的人，我們稱它爲生物人或自然人或動物人，必然會有物質與性的需求。其後經過社會化的過程，學習既存的社會道德、規範與價值，自然人就成爲社會連帶與和平共同生活的主角：道德人或倫理人。社會連帶創造了道德人的情感需求，而和平共存則又促成了另一種安全需求。此外，人類既是物質的，也是精神的或心靈的，所以做爲一個精神人，就會有精神或心靈需求。

性既然附著於個人的身體或肉體，而且是與生俱來的，基本上，我們當然可以把它視之爲物質的，而把食色皆看成天生的一種物質需求。以下我們就來研討社會學人如何在追求四大需求的滿足

過程中，如何產生了性、色情與情色藝術的辯證關係。

四、廣義的性與狹義的性

一般人或常人所談或所瞭解的性，都屬於狹義的性：專指生殖性或生殖器有關而能產生感官知覺上的快感者，尤其以男女兩性的性慾、性衝動與性交合爲主。其實，依照佛洛伊德的精神分析說，廣義的性應該槪指：任何人體器官或部位，經由外在刺激而能獲得感官知覺之快感者，皆屬於廣義的性範疇。依此定義，人類的性慾及其追求滿足的方式，不但沒有年齡與性別的差異，而且是多樣化的：任何兩造或以上的接觸，不分男女老少，不管是擁抱、接吻、愛撫……，只要能產生快感的滿足，則已進入性的範疇。

這兩種截然不同的性定義，我們就以威廉‧賴希（Wilhelm Reich）的性狹義觀和佛洛伊德的性廣義論爲例，簡單介紹如下：

(一)賴希的性狹義觀

他是一位精神分析學家的後起之秀。就其思想發展而言，一九三四年離開德國之前，屬於前期，著有撼動世人的三大巨著：《性高潮理論》、《性格分析理論》和《性革命理論》。至於後期，已逐漸偏離性研究的範疇，而進入所謂「倭格昂」（Orgone）的生命能之研究，甚至於走火入魔，在美國被法庭宣判爲騙徒而入獄，並猝死於獄中❹。

在《性高潮理論》中，他明白地指稱，人的「動慾區」主要是指人的生殖器，並非其他敏感部位。爲了使常人能夠眞正掌握這種狹義的性，他甚至於建議用「生殖器的」（genital）去替代「性的」（sexual）的用語。此外，他又認爲性慾是一種「生理能」，他把它稱之爲「情慾亢奮或進力」（drgastio patency），所謂性高潮的實質，其實是被壓抑的性能量的釋放，因此，只有絲毫不帶幻想成分，且

固定時間保證的男女生殖器之接觸或做愛，才符合性高潮的標準。由此可見，他所採用的性定義是相當狹義的：僅指生殖器與男女交合或做愛所產生的快感而已。我們在太古荒蠻時代所發現的所謂生殖或生殖器崇拜時期，堪稱是這種性觀念的典型代表。

(二)佛洛伊德的性廣義論

他是眾人皆知的偉大精神分析學的創始人，對於性的研究，至今無人可以與之匹敵。他對於性所下的定義，可以說是非常廣義的，在其《自傳》一書中，有如下的一段話❺：

> 我對性觀念的發展是兩方面的：第一，性一直被認為與生殖器有密切的關係，我則把它區分開來，並視「性」為一種內容包羅更廣的生理機能：它以獲得快感為其終極目標，而生殖不過是它的次要目的；第二，我認為性衝動包括所有可以用「愛」這個籠統字眼來形容的念頭，那怕只是親暱或友善的衝動。

這種非常廣義的性觀念，主要能引發「快感」的生理機能，皆屬於性的範疇，同時，依照佛氏的研究，這種快感的生理機能，通稱為「動情區」或「快感區」，又會隨著人體的成長過程而改變如下：

◎第一期：從嬰兒到五歲左右

就性的觀點而言，這個時期的性發展，乃是奠定日後的基礎與方向。這個時期的嬰兒或幼兒之性慾，有主要的兩大特徵：(1)自體享受的性快感，也就是說，以自己身上尋找性對象，譬如吸吮自己的大姆指；(2)動情區或快感區的每一部分之衝動，通常都是各自為政，互不相干，不過，都以獲得快感為其終極目標。這個時期又可以細分為如下三個階段的發展過程：第一階段：口腔階段，動情區是在嘴；第二階段，肛門階段，快感區移到肛門，幼兒在大小便時

會感到快感；第三階段，男性生殖器崇拜階段，動情區在於生殖器，這是男女兒童正式對生殖器產生好奇心的時候。

◎第二期：從五歲到十二歲

第二期是所謂性潛伏期，原先與生俱來，赤裸裸與野性的性行為，逐漸開始沉寂下來，甚至於停止發展。另一方面，兒童會透過社會化的學習過程，發展出「自我」進而去控制「本我」的性快感之衝動。

◎第三期：從十二歲到十八歲

第三期是一般通稱的青春發動期，沉寂已久的性衝動又全面性地恢復起來，並且改變幼時的自體享受之性快感，而正式進入尋找異性對象或異體對象的性快感。

總而言之，依照佛氏的廣義性定義，性不但是與生俱來的生理機能，而且隨伴著人體的成長而有所改變。

本書所採用的性定義，就是廣義的，因為唯有如此，我們才能瞭解並接受時下所存在形形色色的性亂象，如同性戀、性騷擾、姦屍、雞姦、戀童狂……。

注　釋

❶【原稿：西方神學與傳統哲學所建構的眞善美先驗論】在整個西方社會思想史的發展過程中，哲學在求眞、宗教在求善、美學則在求美。

❷西方宗教皆指向另一個世界的來生，中國的民間信仰則兼指前生與來生的兩個世界。中外這種「出世」的說法，如今皆已邁向「入世」的今生今世。

❸陳秉璋著，《東方社會學（一）：社會學知識論》（台北：唐山）。

❹陳學明著，《性革命》（台北：揚智），民國八四年，頁七三～一一〇。

❺同註❹，頁五四。

第5章　生物人或動物人的性與自然真

　　人也是動物的一種，不但受到各種科學的肯定，更重要的是，支配動物人或生物人的先天內驅力：性慾與物慾的衝動，並不因社會化的過程與結果而告消失，依照精神分析學的說法，應該只是受到社會規範與價值的約制而已。我們也認同佛洛尹德所謂「三我」的說法：本我（生物人）、超我（社會原則）與自我（前兩者調整後的社會人）❶，因為本我只受到超我的約制與宰制而潛藏在自我內，所以在性禁忌的社會體制裡，當本我的先天性衝動，超越或打破或不遵守既存的性制時，就會出現所謂色情和性犯罪的問題。

　　為了探討動物人或生物人的先天性慾的原有真面目，我們就以「解構社會化」的深層觀察方式，來企圖掌握動物人的性特徵。所謂解構社會化，是指在社會出現之後，人一旦出生，必然就要被社會化，因此，觀察任何社會上的個人行為，都無法還原到動物人的行為，所以我們必須先把社會化去除，才能觀察到動物人的本我行為。依照我們的研究與觀察，這種社會化解構的情境，有下列的幾種典型：

社會尚未形成或出現之前的自然狀態

　　依照西方社會契約論者的看法，在社會尚未形成或出現之前，人類是生活在所謂自然狀態下，也就是大自然的環境與條件下，既然還沒有人為社會規範、道德、權力與價值等等的存在，當然也就

沒有社會化問題的存在，所以這是解構社會化最典型的動物人時代
❷。

　　依照霍布斯（Hobbes）的說法，動物人在物慾與性慾的衝動
下，過著你爭我奪與永無寧靜的戰爭。盧梭（J. Rousseau）也認
為，在這種自然狀態下男女的野合，你爭我奪，合合分分，尚無
「家」的觀念。換言之，動物人的性衝動，乃是與生俱來的本性，自
然的生理作用與反應，男女的自然野合或分離，也只是滿足性慾的
自然關係而已，並不涉及任何人為的規範與價值判斷的問題，也就
是說，那只是一件自然存在的實在或現象而已。

　　這種自然狀態下的男女兩性的性關係，依照人類古代文獻的記
錄，隨伴著歷史時間與生活環境空間的不同，似乎也會發生變化。
也就是說，動物人為了性慾與物慾的滿足，在生活環境與條件越是
困難或惡劣下，越會發生衝突；相對地，當生活環境與條件有了改
善或呈現一片好景時，動物人在滿足物慾後，似乎也會盡情追求性
快感的滿足，而逐漸走向家庭的生活。

　　譬如中國的上古初民，居住在北方濮水一帶，在漁獵時代，那
是相當優越的環境與條件，所以，動物人所表現出來的男女兩性之
性關係，非但少有衝突，而且相當自然與和平，且看《神異經》的
一段記載如下：❸

　　　東南隅大荒之中，有樸父焉，夫婦並高千里……男露其勢，女
　　　露其牝。

　　所謂樸父，正是盤古系初民的一支，最先來到濮水一帶，他們
在工作之餘，隨興之所至，即行雜交野合的美景。

　　對於這種自然的性放縱，《列子‧湯問》，則只用簡單的兩句話
來表達：「男女雜游，不媒不聘。」充分顯示男女兩性的性關係，
既自然又和平，絲毫不受到文明的干擾或扭曲。

　　然而，這種動物人在自然狀態下的性放縱與性自由的生活，從

有社會組織與社會制度的立場與觀點看來，則又會被扣上社會道德
與社會價值的判斷，因而被扭曲為一種淫蕩的無恥行徑，且看《史
記‧樂書第二》：❹

桑間濮上之音，亡國之音也。

後人則加以注曰：❺

濮水之上，地有桑間者，亡國之音，於此之水出也；昔殷紂使
師延作靡靡之樂，已而自沈於濮水，後師涓過焉，夜聞而寫
之，為晉平公鼓之，是之謂也，桑間在濮陽南。

到了漢朝，在儒家倫理道德的審判下，就成為《漢書‧地理志》
所說：

衛地有桑間濮上之阻，男女亦亟聚會，聲色生焉，故俗稱鄭衛
之音。

其實，像這種太古時期的性自由與性放縱生活，應該存在於世
界各地的動物人或生物人。即使在初民社會生活中，也充分展現出
性自由的寬容文化，最佳例子見之於中太平洋的玻里尼西亞群島。
大溪地的男女孩童和青年都被允許手淫及婚前性交，沒有受到任何
限制，婚姻性行為和婚外性行為都非常自由，並且公開討論。社區
生活、生活的美學表達模式、歌與舞，都充滿了性慾的成分❻。
英國現代大文豪之一的勞倫斯❼有一次去中東旅行，在一個偶
然的機會裡，他看到一張壁畫，非常生動地展顯出自然人在大自然
懷抱中的自然性愛關係，立刻引發想創作情色文學的念頭與衝動。

動物世界的性關係

　　人既然也是動物的一支，那麼，解構社會化的動物人之行為，也可以從實際動物世界的性行為去觀察。換言之，動物世界的性行為，可以反射出動物人的性衍生特質。

　　當我們仔細觀察動物界的性關係時，以下所列各種特徵或特性，並非本質的差異，而只有方式與程度的不同而已：

1. 廣義的性，也都適用於所有動物，牠們也都會有親嘴、愛撫、挑嬉。

2. 狹義的性或生殖性的性，也同樣都來自先天性衝動的內驅力。唯一值得我們特別注意的是，越是低等的動物，其發春期越固定，間隔也越長，相對地，越是高等的動物，其發春期則越不固定，間隔也越短。人為萬物之靈，結果是：隨時隨地會發春！

3. 雌雄兩性的性關係，也都是在生理反應與作用下，產生自然的性關係。有趣的是，經過長期競爭與衝突的經驗累積後，有些動物似乎也產生了「物競天擇，優勝劣敗」的自然法則：強勝者變成「種繁衍」的代理人。其實這也是自然的律則與現象，就雌雄兩性的性關係而觀，強勝者固然獲得了交配的機會，同時，也因為強勝者的強壯條件，更能帶給交配對方更大的快感滿足，而逐漸形成一種經驗法則：想要交配的一方，也總是喜歡找強勝者。這種現象很明顯地存在於河馬與猴子的生存世界。

小小和尚的內心世界

在古代中西文化的歷史發展過程中，無獨有偶地，各自流傳下來一則小小和尚的故事❽。假如我們改從「解構社會化」的立場與觀點，去註釋這兩則故事，那麼，故事的主角小小和尚，正是典型的解構社會化的動物人。

中國清代袁枚的《子不語》中，有一篇〈沙彌思虎〉：

佛教聖地五臺山有一位老禪師，收了一名小沙彌，年紀只有三歲光景。五臺山很高很高，師徒二人終年在山頂寺院裡唸經修行，從來不下山。

一晃，十多年過去了。一天，老禪師和弟子一起下山。沙彌見到牛馬雞犬，一樣都不認識，更叫不出它們的名字。老禪師就邊指邊告訴他說：

「這是牛，可以耕田；這是馬，可以坐騎；這是雞，可以報曉；這是狗，可以守門。」

沙彌連連點頭，說：「曉得了，曉得了」。

過了片刻，有個美麗的年輕女子從他身邊走過，沙彌圓睜雙眼，吃驚地問：

「師父，這是什麼東西？」

師父怕弟子動心，胡思亂想，影響修行，就板起面孔，十分嚴肅地告訴他，說：「她的名字叫老虎，不好接近，接近了，一定會被咬死，連根骨頭也不會留下的。」

弟子點點頭，說：「記住了，記住了。」

傍晚，師徒二人上山，回到寺院，師父問道：

「你今天在山下見到的東西中，可有引起你思念的麼？」

弟子認真地回答說：

「什麼東西我都不想，我只想那吃人的老虎，不知怎麼的，我心裡總是捨不得她。」

義大利古典文學作家薄伽丘，在其名著《十日談》的第四天故事裡，安插了這麼一段關於「綠鵝」的小小趣聞：

有一個死心塌地皈依天主的虔誠信徒，常年跟自己的小兒子在深山裡修道。有一天，他帶著這位長大成人而與世完全隔絕的小伙子下山進城，兒子平生第一次遇上了一群女人，就顯得十分興奮與高興，於是父親就嚇唬說：「她們叫綠鵝，是禍水也」。誰也沒想到，兒子卻回答說：「親愛的爸爸，讓我帶一隻綠鵝回去吧！」

在這段小小插曲的故事結尾，作者感嘆地說：「誰要是想阻擋人類的天性，那可得好好兒拿點本領出來呢！如果你非要跟它作對不可，那只怕不但枉費心機，到頭來還要弄得頭破血流。」

男女相吸引，彼此相愛乃是人之天性，不可泯滅，也無法迴避。不管是老虎也好，或是綠鵝也罷，只要有與生俱來的「性」，就必然會引發或誘起小小和尚的衝動與快感，所以說，生物人或動物人的性，乃是一種自然真！

性寬容的文化

關於性寬容的文化，最佳例子可以見之於中太平洋的玻里尼西亞群島。人們對於大溪地人的性自由所進行的觀察，可以回溯到十八世紀發現這些群島的英國探險家庫克船長。在還未受到西方的衝擊之前，大溪地的男女孩童和青年都被允許手淫以及婚前性交，沒有受到什麼限制。婚姻性行為和婚外性行為非常自由，並且被公開討論。社區生活、生活的美學表達模式、歌與舞，都充滿性慾的成分。

古老玻里尼西亞的這種性傳統，有一些已經留存在馬歇爾（Marshall）所描述的曼該亞島上。我們獲知：曼該亞島的男孩與女孩在七歲至十歲之間開始手淫，在大約十四歲時開始性交。幾乎每個人在婚前都有相當的經驗，並且在婚後也保持活躍的性生活。性是這些人生活中一個例行的部分，就像吃飯一樣。

性對曼該亞島的男人和女人而言意味著性交，純粹而簡單的性交。為了這個目的，性交的前奏（包括口交）都自由地進行；「髒話」、音樂、香氣及裸體則進一步提高性慾。女人在心理上和生理上都是活躍的性搭擋。女性的性高潮時常出現多次，被認為是成功的性交必要的結果；女人唯恐沒有性高潮會對她們的健康有害。懷孕並不會阻止曼該亞島女人性交，她們繼續進行性行為，一直到陣痛開始。當了父母之後，夫妻的性關係更為加強。

但是，曼該亞人的經驗也證明一件事：即使是在一個終生不羞慚和無限制地頌揚性的社會中，也有壓制和矛盾的成分存在。例如，為了維持體面，大部分婚前性活動都隱密地進行，並且性搭擋的關係也具有一種喜惡並存的矛盾感情。在我們的文化之中，性是在愛之後，但曼該亞人卻不同，他們以性為開始，希望性會導致感情。這種情況容易把他們的性關係塑造在一種較具生理和機械成分的模子之中。

資料來源：馬歇爾所著〈曼該亞地方的性行為〉（Sexual Behavior in Mangaia）一文，
見於馬歇爾與色格斯（Suggs）合編的《人類性行為》（*Human Sexual Behavion*, Englewood Cliffs, N. J.: Prentice-Hall, 1971）。

注　釋

❶陳秉璋著，《社會學理論》（台北：三民）。

❷陳秉璋著，《東方社會學（一）：社會學知識論》（台北：唐山）。

❸潘桂成著，《性文化斷層》（台北：固地），民國八三年，頁八三～八四。

❹同註❸，頁八三。

❺同註❸，頁八三。

❻請參照《聯合文學》。

❼H. A. Katchadourian原著，陳蒼多譯《性與文化》（台北：森大），民國七七年，頁二九～三〇。

❽黃永林著，《中西通俗小說比較研究》（台北：文津），頁二四八～二四九。

第6章　道德人或倫理人的性與社會善❶

生長在自然狀態下的動物人或自然人，雖然能夠享受無拘無束的性自由與性放縱，然而，卻是始終無法擺脫或解決因它所引發的問題：衝突與性病，前者危害生存，後者威脅種的繁衍。因此，當人類進入群居的共同生活時，動物人或自然人的性，立刻成為規範或約制的主要對象之一。也正因為如此，從社會科學的角度與立場而言，性問題的探討，應該把重點與焦點集中在：社會日常生活世界中的性行為、性關係、性活動與性生活上。

社會先個人而存在

有關社會的起源論，雖然眾說紛紜，莫衷一是。然而，社會一旦出現或存在，對個人而言，又必然是「社會先個人而存在」，這是涂爾幹式的立場與論述，為一般社會科學者所共同接受。

就此意義而觀，自然人或動物人一旦出生，就會毫無選擇地，經由社會化的機構，接受並學習既存的社會道德、倫理、規範、價值或禮教等等，而轉化為我們所謂的道德人或倫理人。

性自由或性放縱與社會善的矛盾與弔詭

在自然狀態下，自然人或動物人所實踐的性關係與性生活——性自由與性放縱的自然真——雖然令人嚮往與羨慕，然而，它所產

生或引發的負面效果或現象：衝突不斷與性病滋生，卻是無法見容於社會和平共存的生活。從社會善的立場與觀點而言，性病不但會直接威脅到人類種的繁衍，它也會造成許多社會問題。同樣地，性所引發的不斷衝突，不但會危害社會內部的團結合作，而且也會製造許多意想不到的社會問題。由此可見，性自由或性放縱的嚮往與社會善的要求之間，就形成我們所謂的矛盾與弔詭關係。人類早期所出現的性思想、性知識與性制度，正是那種矛盾與弔詭的生活產物：禁慾主義的性禁忌。

什麼是禁慾主義？

人類社會的形成或出現，既然是為了大眾的和平共存，那麼，所有會導致社會衝突的可能原因，就應該設法去消除或減少它。正如上面所述，性與社會和平共存之間，存在著相當大的矛盾與弔詭：性慾不但是與生俱來的，無法根除，而且性是傳宗接代的絕對必要惡物。因此，打從人類進入群居的社會共同生活之後，就產生了一種相當微妙的性思想，那便是禁慾主義：以傳宗接代為由，與生俱來的性慾雖然被合法化了，但是，為了減少社會衝突與性病的滋生，性慾的正當性與適切性又被否定掉了，其結果是：個人除了合法化的性關係之外，應該儘量設法去減輕或減弱性慾本身及其衝動的可能，這就是一般所謂的禁慾主義，譬如出家、修身、養性、靜坐等等，都是禁慾主義的個人實踐。當禁慾主義思想成為社會機制的基石或基礎時，就會出現我們所謂的性禁忌思想、知識、權力與制度，進而宰制該社會的性關係與性生活，我們稱它為性禁忌時代。

西方禁慾主義思想是希臘人芝諾（Zeno）於大約紀元前三一五年所創，認為美德是最高的善，而獲致美德的最佳方式是「壓制感

情」、「對愉悅和痛苦無動於衷」，以及「耐心的忍受」，尤其對於「性」方面的情感，更應該如此。後來成爲基督教神聖化性禁忌的思想基礎。

性慾與性禁忌的人爲辯證關係

當性慾被認爲是一種絕對必要惡物時，隨伴著禁慾主義的擴散，就會有社會精英出來，譬如預言家、魔術師、祭司、巫師、原始宗教的思想家或哲學家等等，配合社會的生活環境與條件，而創意出我們所謂的性禁忌知識、權力與制度。本節只研討性禁忌形成的過程及其形式，下一節再深入追蹤有何差異性的內涵或實質。

一、性外化

我們一再強調，性慾原本是天生而附著於肉體的一種生理反應或內在衝動，這些社會精英或代言人，首先把性慾抽離個人身體，而成爲獨立的與外在的抽象化性觀念或概念，再配合該歷史時間的禁慾主義思想和社會實際的環境與條件，而灌入性禁忌的意義與內涵，則變成各種不同的性知識，這正是一般所謂「社會共識的性意識」，譬如原始社會的神秘化性知識，中國傳統農業社會的倫理化性知識，以及歐洲中古封建社會的神聖化性知識等等。值得我們注意的是，在同一時代的社會裡，同時也可能出現差異性的性禁忌觀念、思想與論述，不過，經過日常生活世界的考驗與政治社會的淘汰之後，總是會出現我們所謂的優勢或主流性禁忌思想或知識，譬如春秋戰國之後的儒家倫理化性禁忌思想，就是一種典型的例子（爲何它會成爲優勢或主流，這是另一個主題，不是我們所要追蹤研討的焦點）。

二、性內化

當社會上出現了一種優勢或主流禁慾主義的性禁忌思想或知識體系時，為了維護社會的和平生活，又會透過社會化的機構，重新以外化的性知識為內涵，直接或間接灌輸給個人或個體。個人經由社會化過程而學習所得的性禁忌知識，我們稱它為「超我性」，也就是佛洛伊德所謂社會原則要求下的性，一旦內化而遇上了「本我性」，就會產生所謂本我性與超我性之間的矛盾、對立與衝突，經由兩者的協調與調適結果，最後才出現約制或宰制個人外顯行為的「自我性」或「個人的性意識」，我們稱這種自我性的形成過程為性內化。

從「超我性」的社會化到「自我性」的形成或出現，我們要特別指出或強調兩大特徵：⑴正如佛洛伊德所說，本我雖然經過超我的約制與宰制，再經由協調或調適而促成自我的出現，但是本我並非消失，相對地，它依然仍舊獨立存在於自我的最核心內部，同樣地，就性的社會化而言，我們也要特別強調，本我性並非消失，而仍然獨立存在於自我性的核心內部；⑵超我性的社會化效果越佳，自我性的外顯行為越能符合社會善與社會期待的社會公共要求，因而越有利於社會共同和平生活的維持。

三、性制度化

當優勢或主流性知識形成之後，一方面透過社會化機構，把性知識灌輸給個人，再經由性內化而促成「自我性」或自我性意識的出現，藉以約制或引導個體的性外顯行為，另一方面，則又會按照其社會規範與社會價值的共契過程，而創意出所謂性制或性制度，譬如婚姻制度，不但得以直接有效控制個人的性外顯行為，而且能

夠合法化與正當化社會所共同期待的性行為。由此可見,性內化是一種性內控的過程,把社會原則的性知識,灌入個人的事實原則之本我性之中,藉以促成自我性的出現,進而支配或引導個人的性外顯行為,使其符合社會善與社會期待的要求;相對地,性制度化是一種性外控的過程與結果,藉著性規範與性價值所建立的性制度,既能合法化與正當化社會所共同期待的性外顯行為,也能宰制與懲罰社會所不能容忍的性觀念或性行為或性關係。

四、性價值判斷與色情觀念或概念的形成

誠如我們對自然狀態下動物人的性分析所呈顯,性所能帶給個人的價值有二:(1)傳宗接代或稱自我生命的延續;(2)感官知覺的快感滿足。諷刺的是,當社會形成或出現之後,傳宗接代的性功能或性價值,就賦予性另一種特質或特徵:絕對必要的惡物,而感官知覺的快感滿足,則又把性變成另一種負功能或負價值,有害於社會和平共存的惡魔!

因此,當性禁忌思想的性制度被建立之後,性價值判斷也開始呈現正負兩極化:一方面極力強化並鼓吹性制內的性行為與性關係,肯定其傳宗接代的合法性與正當性之性價值,另一方面,則又極力否定並禁止所有體制外的性行為與性關係,把所有在體制外追求性快感滿足的男女關係,都賦予一種社會負功能或負價值——有害社會和平共存——而統統稱之為色情。換言之,色情此一概念或觀念,本來是不存在的,而是當動物人的本我性,被納入性制度內,經由自我性或自我性意識的外顯行為而取得合法性與正當性之時,所有體制外的男女性行為與關係,經由社會善與社會期待的道德判斷所唾棄的反社會概念或行為,則成為色情。

五、性權力化

　　法國後現代主義大師傅柯，在其《性意識史》的巨著中，一再指出並強調一件為世人所忽略的歷史實在，那便是：自從人類進入社會的群居生活之後，任何男女的性關係或性生活，無時無刻都會受到權力的干擾與牽制。當然，他所指的是來自統治者或中央的政治權力之介入。其實，假如我們從社會學的立場與角度來看，這一件歷史實在的政治權力，應該擴散為廣義的社會權力：任何對於男女的性關係與性生活擁有命令權與裁判或裁決權者，譬如統治者的政治權力、社區仕紳所享有的聲望與威權、宗族的執法者、上帝的代言人神父、家長的權威……，皆屬於我們所謂廣義的性權力❷。

　　首先我們所要追問的問題意識是：為何在禁慾主義性禁忌思想與體制的發展中，會出現性權力的介入與干涉？若要回答這個問題，我們必先返回到馬克思所謂自然人的性自然關係來談。自然狀態下動物人的性關係，當然沒有性權力的存在與介入。然而，人類一旦進入社會的群居生活，社會規範與權力乃是社會連帶與社會組織的產物，人類透過禁慾主義性禁忌的思想與知識，既然以性規範和性價值建構了性制度，進而把性區分為兩大類別：(1)體制內合法化與正當化的性；(2)體制外反社會的色情。為了有效體現或實踐這種性禁忌的機制，誠如我們前面所分析，一方面有性社會化的內控，另一方面又有性制度化的外控，進而產生我們這裡所謂的性權力化：把性事交給權力去看管。換言之，請社會權力來干涉或介入性關係與性生活：一方面為了維護社會和平共同生活，性權力扮演著監督、宰制與裁判的角色，另一方面得以強化性社會化的功能，使個人的性外顯行為更能合乎社會善與社會期待的要求。

　　由此可見，傅柯站在後現代主義、自由主義與純粹個人主義的立場與觀點，批判狹義政治權力介入或干涉性事的不當，其論述不

但言之有理，而且非常吸引性開放時代的人。然而，假如我們要忠於特定時空的歷史事實，去論述禁慾主義性禁忌的性權力，則不但要把政治權力擴散為廣義的社會權力，而且要站在維護整體社會秩序與社會和平共存的立場與觀點，去論述性權力所扮演的社會功能：合法化與正當化性事的監督者與宰制者，同時，也是色情的裁判者與制裁者。

性禁忌體制的差異性內涵或實質

　　前面我們所解析的性禁忌體制，只涉及其形成過程與一般形式而已，其實，隨著特定歷史時期與獨特社會空間，人們又會灌入不同性質的內涵，因而變成差異性的性禁忌體制。

　　依照人類歷史發展的時序，人類最早建構的性禁忌體制，我們稱它為「神秘化性禁忌體制」，展現在原始宗教思想、儀式，或散在的民情與風俗中。因為時間過於久遠，且少有明文記載，我們甚難做實證的研究，不過，我們想舉出兩點歷史事，以供讀者參考：

1. 以超自然主義思想去論述性禁忌，並把人類的性事交給超自然的力量去安排或宰制，在今天我們看起來，雖然非常不合乎實證科學的精神與態度。然而，在當時特定的歷史時間與社會空間下，由於人類的無知，對於大自然的敬畏，以及對於性病的無奈與恐懼，因而把自然人或生物人的性事，直接交給超自然的力量去宰制與定奪的結果，無意間，已經產一種性昇華的效果，也就是說在神秘化性禁忌體制內所發生的性關係與性生活，已經不再是原始人的性外顯行為，而是原始宗教信仰或迷信所促成的精神人之性活動。

2. 以超自然主義思想去神秘化性禁忌體制的最大特徵，在於沒

有把與生俱來的「性」給予罪惡化或反道德化，因而也就沒有所謂色情觀念或色情問題的存在。

其次，當人類進入農耕時代，由於人類思想與社會連帶的改變，又出現了所謂倫理化性禁忌體制，以中國傳統農業社會為最典型的例子，我們已經在前面（性意識史）做過深入探討。

最後，我們所要研討的第三模式是：歐洲中古封建社會所建構的神聖化性禁忌體制。

歐洲中古封建社會的基督教神聖化性禁忌

如同中國傳統農業社會，歐洲中古封建社會也是一個道道地地的農業社會，不過，由於當時最為優勢的社會思想與霸權文化正是基督教，它對於性的看法與解決機制，又有其相當獨特的論述與配置，我們稱它為基督教的神聖化性禁忌，茲依照我們原定的分析架構，深入追蹤解析如下：

一、性知識

依照基督教的《聖經》，人類乃是上帝所創造的，稱之為上帝的子民，而上帝所造的第一對男女叫亞當與夏娃，也是人類的祖先。他們因為偷吃了禁果，違反了性禁忌的天條指令，所以才被罰下凡來贖罪。依照《聖經》的這種論述，人類與生俱來的性，被認為一種不折不扣的原罪，所以每一個人從出生到死，必須按照神聖化性禁忌的機制與配置，去實踐地上王國的道德革命，藉以洗清與生俱來的性原罪，才能在死後重返天國。

二、性制度

為了種的繁衍或傳宗接代，神聖化性禁忌也建構了一套神聖化婚姻制度，藉以正當化與合法化男女的性關係。性既然是一種原罪，所以任何婚前的男女兩性的性關係都是被禁止的。男女雙方的結合，象徵著上帝的旨意與許可，所以婚禮必須在教堂舉行，一方面要感謝上帝的恩寵，另一方面則要凸顯婚姻本身的神聖性。婚後男女雙方都必須忠於對方，絕對不能有任何婚外情或通姦。基本上，離婚也是不被允許的。

三、性權力

歐洲中古封建社會，基本上，也是屬於涂爾幹所謂環節性結構（segmental structure），因此，就性權力而觀，有權力介入或宰制男女性關係的人，最主要是自己的父母，其次才是社區的仕紳。此外，更值得我們注意的是，在神聖化性禁忌的機制下，教會既然代表上帝在地上王國的權力，性權力的最高與最後決定權，當然操在教會的神職人員手上。

四、性個體與性知識、性制度，性權力等三者的互動關係

上帝的子民帶著性原罪，從小就學習神聖化性禁忌的性知識，逐漸長大之後，就在性制度內與性權力的監控下，一方面完成傳宗接代的神聖任務，另一方面也實踐道德革命的贖罪，以便死後能夠重返天國。這種神聖化性禁忌的社會機制與配置，對於維持社會秩序與促進社會和平生活，確實發揮了極大的功能與貢獻。不過，正如同其他禁慾主義性禁忌一樣，也產生了許多意想不到的副作用如

下：

1. 禁慾主義所建構的神聖化性禁忌，乃是以男女兩性的生理性為出發點與基礎，所以其基本精神應該是平等的與對等的。然而，由於婚姻制度被配置或隸屬於父權體制下，因而產生兩種社會性的扭曲現象：⑴大男人主義或男性霸權的性次文化；⑵女性被壓迫與被宰制的不平等次文化。

2. 男女不平等與不平權的神聖化性禁忌，經過長期的社會實踐之結果，逐漸在現實生活世界裡促成了男女兩性間的「性文化落差」（sexuelle cultural distance）：男人違反了性禁忌，除非情節過於嚴重，通常都能夠獲得社會的容忍或默許，相對地，要是女人觸犯了性禁忌，即使情節再輕或再小，也會受到非常嚴厲的社會譴責與制裁。

3. 神聖化性禁忌的性原罪論與贖罪實踐觀，建構了一套不近乎人情、又違背人道，更扭曲了人性的性制度，尤其是壓迫與宰制小女子的婚姻制度，所以，歐文運動健將之一的安娜·薇勒（Anne Wheeler）就直截了當地說：「我不憎恨男人，我憎恨的是制度」❸。

因為在歐文主義者眼中，婚姻與家庭制度是製造兩性對立與扭曲人性的根源。同樣地，在馬克思主義女性主義者看起來，唯有打垮資本主義社會，並廢除私有財產制度，重新返回原始共產社會，才能真正體現人類的自我解放。

性壓制的文化

殷尼斯‧比爾格（假名）是愛爾蘭的一個島嶼小社區，這個社區出現了一種性的模式：極端地否定及壓制性之為物。根據約翰‧墨生傑（John Messenger）的描述，殷尼斯‧比爾格島上的人把一切性的徵象以及其他自然的功能（如月經和解尿）都籠罩在神祕的氣氛之中。他們相當厭惡裸體，男人甚至在眾人面前裸露雙腳時也會感到尷尬，並且生病時也不想去見護士，以免裸露自己的身體。婚姻的性交是唯一可接受的性發洩，是一種「義務」，女人加以「忍受」，男人則冒險而為（儘管他們認為如此會使身體衰弱）。性總是由丈夫主動、性交的前奏只限觸碰和愛撫臀部、性交姿勢只有男人在上位的一種、內衣褲不脫除，我們懷疑女人是否曾達到高潮。

在殷尼斯‧比爾格，唯一可以識別的另一種性活動是男性的手淫，以及島上一些女孩與偶然的訪客之間偶爾的親密行為。涉及這些行為的男人表現得很羞慚，他們甚至避免去懺悔室。一位村莊的助理教士被送進精神病院，據說他是因為與美麗的管家住在同一間房子，產生挫折感而發瘋的。如果除了最傳統的性形式之外，還有任何性的形式在殷尼斯‧比爾格中進行，那麼其存在一定是一種秘密，不為這個社區的人所知，因為這個社區的人恐懼教士的申斥，恐懼大眾的譴責和恥笑。

我們可能很容易就把殷尼斯‧比爾格這個社區的「過份規矩」歸因於愛爾蘭的天主教，但是，十分類似的態度也可以見之於既非愛爾蘭也非天主教的文化之中。例如在巴布亞—新幾內亞的曼納族的部落傳統中，丈夫與妻子之間的性交，被認為是有罪的和墮落的，因此只在最為隱密的狀態中進行。女人特別嫌惡性，她們偶爾忍受性，以便產生後代。婚外的性交甚至是更嚴重的罪過，會招致超自然註定的懲罰。曼納族的女人對於月經表現得很神祕，所以曼納族的男人否認他們的女人有月經的經驗。

對於太平洋雅普島上的人而言，性的壓抑不是來自道德顧忌，而源自對健康的擔心。雅普族的男人相信性交會使得身體羸弱，且容易染病。女人也同樣很脆弱，尤其是生產之後的幾年之間。

資料來源：墨生傑所著〈一個愛爾蘭民俗社區中的性與壓抑〉（Sex and Repression in An Irish Folk Community）一文，見《人類性行為》，頁三～三七。

文明及其不滿足

　　佛洛伊德對性與社會的關係大感興趣,特別是在他的後半生之中,當時他把注意力從較狹窄的臨床事件轉向較總體性的文化問題。佛洛伊德的中心意旨是:「本能的需求」(具有性慾和攻擊成分)和「文明」的限制之間,有一種無法妥協的對立狀態。因為「本能需要的自由滿足」與「文明的社會」是不能兩立的,所以這些需要必須加以壓抑,使之隸屬於「工作」和「繁殖」這兩個目的。

　　佛洛伊德看出:這種性壓抑的過程,在個人的層面及社會的層面上同時進行。性壓抑的根源可以追溯到個人的發展(「個體發生」),以及人類的歷史(「系統發生」)。社會的模式固定在我們模糊的史前過去;我們每個人都必須在我們自己的生命週期中經歷這個過程。

　　佛洛伊德的理論是:「本能衝動」(id)——性本能的中心——是基於「愉快原則」(pleasure principle)而發生作用。對於這種本能衝動力量加以利用,正是「自我」和「超我」(代表「理性」和「良知」)的工作,而「自我」和「超我」是受制於「現實原則」(reality principle)。「愉快原則」尋求即刻的滿足,而「現實原則」則要求壓制以及延遲滿足。一方面是遊戲、愉快和自由的慾望,另一方面則是工作、生產和安全的要求,前者得到後者的平衡。雖然這些內在的力量可能顯得彼此不和諧,但就長程而言,它們都為了一個共同的目的而運作。如果我們放棄不受限制和短暫的當刻愉悅,我們就會在適當的時候獲得比較可靠和持久的愉悅。如此,「現實原則」是保護而不是消除「愉快原則」。不僅這種過程會對我們的性需要產生更令人滿足的反應,並且藉由「昇華」的過程,我們的本能衝動力量,也會被引進智力和藝術的創造之中,豐富我們的生活,有助於文化和文明的產生。

　　為了維持這種過程,社會把「現實原則」納入它的制度之中。在一種社會制度之中成長的個人,會學習到「現實原則」——即規範,以及屬於法律和命令的其他要求——然後把它們傳給下一代。社會的成員必須辛勤地維持他們的文化,因為回歸一種「自然狀態」的傾向是永遠不會消失的。

　　「文明進步的代價」,佛洛伊德寫道:「就是藉由加強罪惡感而喪失快樂。」雖然

佛洛伊德認為：我們不可避免地要壓抑我們那種具有性慾和侵略成分的原始行為，以發揮我們較高的利益和能力，但他也強烈地關心達到這些目標所需要的代價。因為本能衝動的壓抑（尤其當這種壓抑顯得嚴厲而過份時）造成了神經性的錯亂和性的官能障礙，所以佛洛伊德表示以下的憂慮：雖然社會對性行為的限制已經把很多精力引進文明之中，但這種限制現在卻引起了一種危險：壓抑了我們的生活和快樂的本能性源泉。

資料來源：佛洛伊德對於性和社會的關係普見於他的很多作品之中。請參閱其全集第二十一卷《文明及其不滿足》。至於對於佛洛伊德社會學觀點的介紹，請參閱馬庫色所著《愛慾與文明》，以及瓊斯（Jones）所著《佛洛伊德的生活與工作》（*The Life and Work of Sigmund Freud*, New York: Basic, 1957）第三卷。

注 釋

❶法國實證主義社會學家涂爾幹，用社會善與社會期待兩個專有名詞，去說明社會道德與社會價值的內涵。

❷顯然地，我們所謂性權力，跟傅柯的性權力或米列的性即政治有所差別。

❸Taylor. B., *Eve and the New Jerusalem Socialism and Femimism in the Ninetienth Century*, Cambridge, MA. Harvard U. P.

第7章　精神人的性與心靈美

　　理性主義的開先祖柏拉圖說：人既是肉體的，也是心靈的；人既是物質的，也是精神的。這是一種先驗的哲學論述。假如我們改從後驗的實證科學的立場與觀點，則不得不提出質疑與修正。人既然是動物的一種，則肯定了人既是肉體的，也是物質的。然而，從動物世界的觀察與人類社會的演化史看來，我們實在很難認同，人天生既是精神的也是心靈的。相反地，我們比較能夠接受實用主義哲學的論述：人類天生跟動物並無二致，只有追求性慾與物慾滿足的生存活動，而是在長期累積求生過程中，經由印象、記憶、對比與聯想的連鎖反應，而終於產生思考與想像的能力，因而才有精神與心靈的活動，基於這種後驗的立場與觀點，以下我們就來研討精神人的性與心靈美（beauty of soul）的追求與實踐。

什麼是精神人的性？

　　如上所述，性是附著於肉體，所以，動物人的性是與生俱來的，我們稱它為「本我性」。由於它的衝動與排他性格，無法見容於社會原則，所以，社會善與社會期待才製造社會共識的「超我性」，或稱為「社會的性意識」，經由社會化過程，灌輸給個人而產生所謂的「自我性」或稱為「個人的性意識」，我們稱它為倫理人或道德人的性，所以，倫理人或道德人的性，並非天生的，而是社會化的產物。從後驗的立場與觀點而言，精神人既然不同於動物人與倫理人，理所當然的，它的性絕非天生的或是社會化的產物，那麼問題

的焦點意識就成為：精神人的性從何而來？又有何特徵？

　　從我們對於「社會學人」所下的定義來看，精神人和動物人與倫理人或道德人，乃是三位一體的存在。同時我們也指出，精神人的存在，主要來自個人的宗教信仰、哲學思考與反省，以及藝術的想像創作與欣賞。也就是說，凡是缺乏這些心靈活動的社會學人，就已經失去了其精神人的面向，而只是由倫理人與動物人所構成的二位一體。

　　由此可見，做為一個精神人，既沒有與生俱來的本我性，也沒有社會化的自我性。不過，當他透過個人的宗教信仰，或是哲學的思考與反省，或是藝術的想像創作等等，針對著自己身體本身的性衝動，或面對來自外在的性挑戰，而能夠有效給予轉化或昇華為一種無私與自在目的之美感，並成為自己或他人的心靈美之饗宴。這種個別精神人用以轉化或昇華性的觀念、態度與方式，就成為我們所謂精神人的性。譬如出家人，相信用靜坐與唸經，得以轉化或昇華其本身的本我性，進而享受蓮花池的心靈美感生活，這就是出家人的精神人之性。又譬如柏拉圖企圖透過理性的運作與回憶，找回並建構毫無肉慾的性愛，自稱是神聖的瘋狂，俗稱為柏拉圖式的愛。這就是柏拉圖做為精神人的性：沒有肉慾的愛。

　　最後，我們以新馬克思主義者馬庫色（H. Marcuse）的愛慾論為例，藉以回答他觀念中什麼是精神人的性？他受到佛洛伊德的影響，認為愛慾與文明，剛好是人類所欲與所不欲的理想，前者是一種「非壓抑性的昇華」，後者則是人類現在所承受的困惑文明，一種「壓抑性反昇華」。所以，愛慾是解放，而文明則是一種禁錮。他企圖從工業文明的禁錮，過渡到或解放成愛慾的新文明，從文化壓抑社會過渡到或解放成非壓抑文明社會，也就是說，從性禁忌（人類文化壓抑性及昇華下被禁錮的性）的擺脫達到原慾與性慾的和諧完滿，這正是人類所欲的理想愛慾。所以，他在一九六一年出版的《愛慾與文明》（*Eros and Civilization*）一書的序言中有這麼一段

話：❶

> 我在本書中提出「一種非壓抑性昇華」的觀念：性衝動，在不
> 失其愛慾能量時，將超越其直接的目標，而且通常還使個體與
> 個體之間、個體與其環境之間的非愛慾甚至反愛慾關係化。相
> 反地，也可以談論一種「壓抑性反昇華」：用減少和削弱愛慾
> 能量的方式釋放性慾。……但它不是根據快樂原則重建這些領
> 域和關係，恰恰相反，是現實原則的勢力範圍內擴大到了愛
> 慾。把「性」系統地引進商業、政治和宣傳等領域就是一個最
> 有說服力的例證。

總而言之，在馬氏的眼中，所謂精神人的性，既不是個人本身
「本我性」的快感滿足，也非一般色情的個人感官享受，而是立基於
整體人類的立場，如何從現在文化的壓抑性反昇華的禁錮，重新找
回一種非壓抑性昇華的愛慾，而使人人都能快樂地體現並享受原慾
與性慾的和諧完滿。這種精神人的典型代表，就是藝術家的情色創
作。

心靈美的實踐問題

如上所述，對精神人而言，性已經不再是個人內在性慾衝動或
他人外來色情刺激的快感滿足之現實問題，而是如何才有可能去體
現或實現每一人得以快樂地與無私地共享愛慾的美感之理想問題。
因此，任何精神人所要追求的性，都是超越本我性與自我性的理想
化愛慾，所以是一種實踐的問題，而不是行動的範疇。所以我們也
可以把精神人的性稱之為嚮往或理想的性。也正因為如此，除了個
人成功的特殊案例外，更有不少失敗的實踐者。我們就以下列個案
為例，來進行解析與反省。

一、從柏拉圖《神聖的瘋狂》到哥德《少年維特的煩惱》

　　希臘偉大的哲學家柏拉圖，站在理性主義的先驗哲學之立場與觀點，提出所謂超越性慾或無肉慾的愛情或性慾的昇華，俗稱為柏拉圖式愛情，他自稱為「神聖的瘋狂」。他認為現象世界的肉人，乃是先驗意念世界靈人所投射而成的，所以，人類只要運用其先天理性去宰制或壓制肉慾或性慾，就能享受靈人的純愛情生活。在他的理性主義二元對立論述中，就理論層次而言，那是說得通的：因為現象世界與肉人，只是意念世界與靈人的投射物，人運用其天賦理性，只要克制了附著於肉體的性慾衝動，當然也就能夠返回到意念世界中，去享受附著於靈人內心的愛情：沒有肉慾的靈愛。然而，就實踐層次而觀，「理性宰制或克勝肉慾或性慾」的前提，對常人而言似乎比登天還難！且看德國大文豪哥德的現身說法。

　　哥德從情色文學的立場與觀點出發，意圖去實踐柏拉圖式的愛情，結果證明，常人把柏拉圖式愛情定位在無法實踐的理想愛情，那是一種錯誤的想法與看法。哥德透過其曠世巨作《少年維特的煩惱》告訴我們，凡是追求柏拉圖式無肉慾純愛情的人，其實踐的過程與結果必然是：

1. 相信絕對可以運用人的理性，去建構存在於男女兩性間毫無肉慾或性慾的純粹愛情或愛慾。少年維特對於夏綠蒂的初期戀情，正是最好的寫照，維特還從陶醉中引以自豪，因而過著甜蜜與快樂的生活。
2. 逐漸發現在理性與肉慾或性慾的對抗交戰中，理性似乎開始節節敗退，肉慾與性慾的抬頭與強化，造成了維特內心的恐慌與煩惱，現實生活也因而失去了往日的活潑與快樂。
3. 追求理想愛情的堅持與現實生活的恐懼與煩惱，終於使少年

維特領悟到邁向柏拉圖式愛情的兩條康莊大道：變成了瘋子，也能繼續維持沒有肉慾或性慾的純愛，否則，自殺是唯一的路。因為少年維特並沒有發瘋，所以只好自己結束自己的生命，藉以實踐柏拉圖式的愛情。

總而言之，哥德透過《少年維特的煩惱》，以隱喻和明示的方式告訴世人，凡是追求柏拉圖式愛情的人，只有發了瘋或是自殺的人，才算是成功的實踐者，否則，就是失敗的追求者。

二、西方教會僧侶與中國出家人的醜陋相

西方教會的僧侶和中國的出家人，毫無疑問地，都是精神人的典範。當然，單就性問題而言，能夠宰制肉慾或戰勝性慾衝動，而進入精神人的心靈生活世界者，為數當然也很多。我們在這裡所要舉發的，正好是少數的失敗者。

譬如在義大利作家薄伽丘的短篇小說集《十日談》中，就有不少失敗者。以下就是這些失敗者的真相：❷

1. 魔鬼與地獄的故事：在渺無人跡的荒漠中，一心一意刻苦修道的「聖潔」年輕修士魯斯諦科，當他見到前來修行的天真無知、美麗動人的女孩阿莉白的胴體時，那一直被壓制著的肉慾衝動起來了。於是，在他的誘騙下，他一次又一次地將他的「魔鬼」關進她的「地獄」，而獲得滿足，這位天真未鑿的女孩，也從一次又一次的肉慾中獲得了快感，以至於到後來她的情慾變得不可遏制，終於把神聖的禁慾主義變成了一個粗野的大笑話。

2. 愚夫修行的故事：在教士的指點下，一心想修道的丈夫，在門外徹夜苦修。然而在室內，那教士就趁機勾引他的妻子。那個精神上中毒太深的愚夫，一心要修成正果，以便進入天

堂，卻不知這一愚行，正好引狼入室，把壞人送進了人慾的天堂。

3. **小修女受審的故事**：話說在匆忙之中，女修道院院長拿起正與之通姦的教士之短褲誤當作自己的頭巾，往頭上一套，趕來大廳要審問一位犯姦的小修女。院長當著全體修女的面前，拍手頓足、聲色俱厲地把小修女痛罵了一頓，還聲稱非嚴辦不可。那小修女抬頭看見女院長頭上有兩條吊襪帶，還不停地在擺動，心裡立刻明白了那位道貌岸然的女院長在暗中幹的好事，於是用一句話打落她的威風：「請妳先把頭巾紮好，再跟我說話吧！」。當女院長知道自己已經出了醜，再沒法掩飾時，改用溫和的口氣說：「不過，硬要一個人抑制肉慾的衝動，卻是比登天還難的事，所以，只要大家注意保守秘密，不妨各自去尋歡作樂吧！」

4. **啞巴馬塞多的故事**：馬塞多假裝是個啞巴，在女修道院裡充當園丁，院裡的修道女爭著和他同睡。當一個修女向她的同伴表示對愛情的渴求時，另一個修女就假惺惺地說：「你說的是什麼話呀！難道你忘了我們已經立誓把童貞奉獻給天主了嗎？」那一個則毫不掩飾地這樣說：「呃，人們每天裡要在天主面前許下多少心願，有幾人是真正能夠為他老人家做到的呢？況且許下心願的，不光是我們兩人，讓他老人家去找別人還願吧！」

以上這些就是薄伽丘揭露天主教會男盜女娼的故事，後來成為反對天主教禁慾主義的一種特殊有效的鬥爭手段，同時也告訴世人，精神人的心靈美之饗宴，並非一件容易實踐的事。

無獨有偶地，中國明代馮夢龍的著作《三言》短篇小說集❸，也大量描寫了僧侶道士們的男盜女娼，有力地驗證了哥德的看法：常人實在很難或無法用理性去戰勝肉慾或性慾的挑戰，出家人也不

例外。寫到這裡，不禁令人想起前一陣子聖嚴法師所說的話：「老實說，目前台灣也有很多男盜女娼的出家人……。」

注　釋

❶馬庫色著，《愛慾與文明》（台北：南方），一九八八年，頁二
四。

❷黃永林著，《中西通俗小說比較研究》（台北：文津），頁二四七
～二六四。

❸同註❶。

第8章　社會學人的性與眞善美的實踐

　　在本書的緒論裡，我們開宗明義地指出，社會互動或社會行動的主角，也就是一般所謂的個人或個體，我們稱它為社會學人，乃是由動物人、倫理人或道德人，以及精神人等所組成的三位一體。如今為了分析與說明方便，我們已個別交代了什麼是動物人的本我性，什麼是倫理人或道德人的自我性，什麼又是精神人的心靈性。然而，互動或行動的主角既然是社會學人，我們就必須把三者重新組合，藉以回答什麼是社會學人的性？在這裡我們轉借自社會學家佈爾默（H. Blume）的觀念，再配合東方社會學的特殊論述，而加以修正與延伸。佈氏認為每一個人或個體，出生後剛開始的外顯行為，必然受其與生俱來獨立與創意的主格我（I）所支配，然而，隨著社會化與學習的過程，或是與他人互動的結果，在自己的腦海裡，就會逐漸沉澱與累積出許多經驗資訊，佈氏稱這些由主格我所選擇而儲存的寶庫為客我（Me）。客我形成或出現之後，不但會影響與作用於主格我，甚至可以完全改變主格我的本性❶。

就性問題觀之

　　就性問題而觀，社會既然先個人而存在，也就是說，任何一個動物人的出生，其本我性必然受到社會原則的干擾與介入，也就是說，動物人的主格我，馬上會透過社會化與學習的過程，而逐漸選擇適合於自己的超我性，再與本我性互相調解而成為自我性。因此，自我性既是客我，也是接受社會化或學習過後的新主格我：倫

理人的主格我和精神人的主格我。所以就理論層次而言，一個最理想的社會學人的性應該是：首先，儘量約制或克制本我性的衝動，放棄自然真的性快感之追求；其次，在既存性規範與性價值的引導下，而且在性制度之內，盡情去享受合乎社會善與社會期待的性快感；最後，再以理想或嚮往的心靈美，去提升自己的性生活，而體現性美感的境界。

另一方面，社會越穩定，性的主流或優越知識越強，則社會學人的性也會越趨於一致性，而呈顯出令人嚮往的道德生活世界，這正是中國傳統農業社會的寫照。相對地，當社會發生劇烈與快速的變遷，尤其遇上了外來另類的性文化，原有性主流知識與性制度，也產生了動搖與巨變，則會產生我們所謂社會的性亂流現象，這不也正是今日台灣社會的寫照嗎？

就性社會化與學習觀之

從性社會化與學習的觀點而言，當一個社會裡出現了性亂流現象時，也正是性社會化變成真空或毫無實質內涵可言的時刻，也就是說，人們已經無法透過社會化或學習的過程，去獲得社會共契或共識的性觀念、性知識、性規範與性價值等等。因此，在社會的性亂流衝擊下，隨波逐流，呈顯出令人噁心的性墮落生活世界之景象，這正是台灣今日新新人類另類的性生活寫真集。

結語：社會學人的性與真善美之實踐

綜合以上的分析與論述，我們似乎可以為社會學人的性與真善美之實踐，提出以下緒論式的聲稱：

1. 傳統禁慾主義的性禁忌，因爲過份強調倫理人或道德人的性與社會善，所以就忽視、壓抑與犧牲了自然人或生物人的性與自然眞。這種性禁忌的社會機制，雖然有利於社會秩序與社會和平共存的維持，卻完全扭曲並壓抑了社會學人的性原慾，使其無法感受或享受自然眞的性快感。

2. 現代自由主義或激進主義的性開放，由於過份強調生物人或動物人的性與自然眞，雖然有利於性原慾的自然眞之性快感享受，卻又有害於倫理人或道德人的性與社會善，因而導致社會脫序的亂象。失去或缺少倫理人或道德人的社會學人，只能說又是回到自然狀態下的自然人而已。

3. 馬克思主義的性嚮往：人類重新返回到原始共產社會的狀態，那也只是一種烏托邦；自然人的性自然關係，美則美矣，人類卻是無法重返原始時代。

4. 性昇華主義的性實踐，也只能存在於藝術創作者的「主體想像世界」中，根本無法在現實生活世界中體現。

5. 我們認爲最理想的社會學人之性與眞善美的實踐，應該建立在：

①以性解放運動的精神與過程，打垮傳統禁慾主義性禁忌的所有不合理與不當之性觀念與性枷鎖或性禁錮，即廢除傳統社會的性意識。

②以現代化性開放的精神，經由國家立法，建立一套「既不危害倫理人或道德人的性與社會善，又能讓生物人或自然人的性與自然眞獲得最大滿足」的性教育綱領，再經由社會化過程，尤其是教育機構，來有效教導社會學人的性觀念與性知識，藉以支配其正確的性態度與性行爲，建立健康的個人性意識。

③社會學人的最重要面向，在於它的精神人。雖然精神人所

追求的「性昇華」，只能存在於藝術創作的想像，或哲學思考或宗教信仰中，然而，從社會學的立場與角度而言，精神人所追求的文化，並非生活世界的現實文化，而是屬於所謂的理想文化，它雖然無法直接實踐在現實生活世界中，卻能夠扮演一種非常重要的角色，即提升現實文化的功能。譬如在現實生活世界中，出現了令人噁心的性墮落現象，性昇華或轉化的理想文化，正可以透過精神人的心靈生活，去提升生物人或動物人的性墮落！換言之，面對著性道德墮落的世界，與其加強權威與規範的外在取締或打壓，倒不如加強精神人的心靈生活，這正是儒家特別重視「六藝」兼備的原因：精神人的內在心靈生活本身，就會淡化或減輕動物人的性衝動。因此，我們也要特別強調，活在現代社會的社會學人，其精神人的心靈食糧，除了來自傳統的宗教信仰、哲學省思與藝術創作之外，應該多重視「六藝」的修鍊，透過來自六藝的心靈生活感受與修為，必然有助於淡化或減輕生物人的性衝動。

資料四

柏拉圖的性和愛的觀念

希臘哲學與宗教及文學有緊密的關聯，專注於同樣的基本問題：生命、愛與性。只要那些具有哲學性向人聚集在一起，就會有哲學的討論出現。這種情況時常是在社交背景中產生：在這種背景中，人們聚集在一起喝酒、談話、娛樂，彼此發生性關係、或與妓女發生性關係。柏拉圖在《饗宴》中描述了這些歡宴中最熱鬧的一次：蘇格拉底和其他六個朋友在其中解說他們對於愛的觀點。

在《饗宴》(以及《費德勒斯》)之中，柏拉圖使用性慾做為出發點，以經營他的

哲學觀念。生理的美所激發的性慾和感情，是人類在試圖瞭解永恆和不變的美（美本身是善的一個層面）的「形式」或「理念」時，所表現出來的較低層次徵象。

所有的人類都欲求不朽。一般而言，不朽的達成是經由後代的延續。然而在這個層次上運作的人，並無異於自我繁殖的四足野獸。有的人達到不朽境地的方式是經由精神的繼承者——藉著創造藝術、哲學及類似的工作。在這些情況之中，性的衝動並沒有直接得到滿足，而是經由我們所謂的「昇華」表達出來。

柏拉圖在談到性衝動時，並沒有清楚地區分其異性戀或同性戀的滿足。繁殖的需要使得異性戀關係的生理滿足成為必要。但同性戀關係所產生的感情，卻可以被重新導向對於「美」和「善」的較高追求。

在《饗宴》中對於愛的意義提出重要解說的人物是蘇格拉底（他表面上敘述了女祭司狄歐蒂瑪在這方面所告訴他的事情）；但因為柏拉圖是實際上的作者，所以我們很難知道柏拉圖何時是在報導蘇格拉底所說的話，何時是在表達他自己的思想。

柏拉圖的哲學引發了很多問題，都超越了「希臘人以歡欣的態度接受性」的範圍。這些問題對於基督教性慾觀念以後的發展特別重要：

1. 我們在柏拉圖的哲學中看到一種清晰的二元論：其一是「肉體」的歡悅；其二是「理性」的較高抱負（基督教徒把這兩者重新解釋為「肉」與「靈」之間的衝突）。

2. 雖然柏拉圖並不譴責性的滿足，但他顯然較喜歡利用性的滿足，經由智慧與美以達到不朽；而此舉對基督徒來說變成了「為了精神的目的而對性加以壓制」。

柏拉圖的學生亞里斯多德則譴責性的無節制，但卻承認性感情的正當性，及其導致美德的可能性。「享樂主義」試圖避免熱情的痛苦，以便保持平靜。「禁慾主義」則特別以一些方式詳述這些觀念，而這些方式與早期的基督教思想結合在一起。

資料來源：《饗宴》，見於艾德曼（Edman）所編《柏拉圖作品集》（*The Works of Plato*, New York: Modern Liberty, 1956）

注　釋

❶陳秉璋著，《東方社會學（二）：社會學方法論》（台中：太
　乙）。

第9章　等級化男女兩性的性關係

　　東方社會學所提出來的所謂社會學人，我們已經分別就其不同
面向：生物人的性與真、社會人的性與善、精神人的性與美，做過
詳細的探討與解說。現在我們再把它合併起來，單從男與女的性關
係，來追蹤研討「性與真善美」的歷史與社會之辯證關係。為了方
便瞭解與解析起見，我們等級化（herachie）男女兩性的性關係於圖
三。

低等男女兩性的性關係

　　圖三中男性（a）、女性（b）與性慾交（c）所構成的實直線，

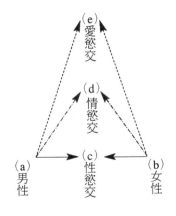

圖三　等級化男女兩性的性關係

代表在自然狀態下，自然人或動物人的性自然關係。男女兩性各為獨立主體，因身體或肉體的內在性衝動或需求，而直接產生陽具與陰器的接觸或交合，男女雙方各為獨立主體，只顧自己是否已達到感官快感或滿足，絕對不會去關心或關懷另一方的感受，稱之為生物人或動物人的性交或交合。基本上，人類的「種的繁衍」，或左派所謂「第二類生產」，正是以此種生理性性交為基礎。就此意義而言，露水鴛鴦的性交，一杯水主義的交合，以及新新人類的性遊戲或一夜情，皆屬於這一類低級男女兩性的性關係，然而，因為生物人或動物人的性交，完全建立在男女雙方各自為獨立主體的性衝動上，如果任憑其自然發生或進行，必然潛存著下列三大危機與衝突：

1. 任何性衝動的一方，毫不顧及或不尊重性對象的自由意願或意志，以強暴或強制方式而進行性交，藉以達到自己感官快感的滿足，卻產生了對方無法彌補的心身創傷，這正是「弱肉強食的性文化之潛存危機」。
2. 二或二以上的同性性衝動者，同時，皆以同一異性為性對象，則必然或很容易引起對立或鬥爭，我們可以稱它為「弱肉強食的性文化之顯性衝突」。
3. 自然狀態下自然人或動物人的性交狀態，被稱之為雜交，它很容易引發各種危害人類的性病，我們稱它為「弱肉強食的性文化之另類潛存危機」。

以上三種危機或衝突，很顯然地，皆不利或有害於人類的種繁衍與社會和平生存之理想。正因為如此，從人類建構了社會開始，就以各種不同的性觀念與性知識，經由政治權力與機構的運作，制訂了各種不同的性規範與性制度，藉以控制人類的性交。

中等男女兩性的性關係

由**圖**三中我們可以得知，由男性（a）、女性（b）與情慾交（d）所構成的半虛線三角形，代表著當有了社會之後，倫理人或道德人間的性關係。

爲了維持社會和平共存的生活，以及保障人類本身的種繁衍，在不同時代的差異性社會，都以各種不同的性觀念或性知識，經由政治權力的運作，制訂了各種不同的性規範與性制度，藉以制約或控制個人的性行爲。就社會學的觀點而言，各種性規範與性制度，表面上或形式上雖然有巨大的差異性，不過，就實質內容或內涵而言，則有雷同之處，那便是：性道德化——不同時代的社會，以差異性的道德（譬如超自然主義道德、自然主義道德、感性主義道德、理性主義道德，甚至於今日的人文主義道德等等）——把生物人或動物人的赤裸裸性交，轉化爲倫理人或道德人的「情交」：任何性衝動的解決與感官快感的滿足，必先經由情的結合才具有正當性與合法性，婚姻做爲一種人爲的社會制度，正是爲了培養感情而設的。所以，唯有在婚姻體制內的性交，才具有正當性與合法性，其他任何性行爲就成爲所謂色情或性犯罪的社會偏差行爲而被所有的人所唾棄。

值得我們特別注意的是，就社會學的立場與觀點而言，婚制內的倫理人或道德人之性交，具有下列幾個特徵：

1. 進行性交的男女雙方，已經不再是各自獨立的主體，經由婚姻過程與結果，男女雙方早已變成「互爲主體」的存在。因爲在性交過程或結果，男女雙方既是主體也是客體：做爲主

體,雙方都在尋找或感受性快感的自我滿足,做為客體,雙方又會關心或關懷對方的感受,所以,情交除了性交的動物性快感與刺激之外,會產生大量或巨量人文主義的溫馨、體貼、愛撫、關注等享受。相對於生物人的性交被稱為野合,婚制內的情交則稱之為做愛。

2. 因為男女雙方經由婚姻的結合,取得了性交的正當性與合法性,並且奠定了情感的基礎,所以,婚制內的性交,已經不再是性衝動的奴隸,相反地,性交得以變成夫妻增進情感與溝通的有效手段與過程。

3. 從上述婚制產生的背景與動機而觀,婚制內的情交,扮演有兩大社會功能:

①得以減少性衝動所引發的衝突,並得以防止或減低性雜交所促成的性病危機。

②得以保障人類的種繁衍。

高級男女兩性的性關係

在論及高級男女兩性間的性關係時,我們可以由圖三中得知,由男性(a)、女性(b)與愛慾交(e)所構成的虛線三角形,代表了人類作為「精神人或心靈人」所要追求或尋覓的性昇華或性藝術。

正如古希臘哲學家所說,「人既是物質的,也是精神的」;生物人或物質人只能感受性交的動物性快感,相反地,精神人或心靈人則要尋覓或探求性昇華的美感,把附著於肉體的性慾轉化或昇華為無私的心靈性或精神性美感之享受。這種性美感的尋覓與探求,分別表現在下列各種人文知識的追求上:

1. 哲學知識的領域：哲學家透過其抽象化觀念的思考運作，企圖把附著於肉體的性慾，昇華或轉化爲「毫無肉慾的純愛」，以古希臘哲人柏拉圖爲典型代表，這種純愛，在學術上稱之爲「神聖的瘋狂」，俗稱爲柏拉圖式的愛情。這種沒有肉慾的純愛，美則美矣，堪稱爲最完美的性昇華，然而，依照德國大文豪哥德在《少年維特的煩惱》一書所暗示，柏拉圖式的純愛，只是一種理想型文化，根本無法實踐或落實在現實生活世界中。因此，在現實生活世界裡，任何想追求這種理想式純愛的人，其下場不外有二：其一是變成眞正的瘋子；其二是自殺。

2. 宗教信仰的領域：面對著肉慾的誘惑與性慾的衝動，宗教家所提出的昇華或轉化管道或構思，就是所謂禁慾主義的方法或方式。然而，古今中外的歷史事實顯示，這種違反人性或人道主義的性昇華或性轉化方式，在宗教信仰的生活世界裡，雖然有其功不可沒的貢獻，然而，流弊更是令人髮指！

3. 藝術創作的領域：這是屬於所謂情色藝術創作的範疇，藝術家靠著個人獨特的情感與想像力，把肉慾與性慾昇華或轉化爲唯美主義的愛慾或美感。我們在後面有專篇要深入研討，就此略過。

第三篇

色　情

什麼是「色情」（pornography）？當生物人或動物人生活在自然狀態時，並沒有所謂色情的存在，它不但是人類社會的人爲產物，而且更是禁慾主義性禁忌的副產物。因此，隨著人類社會對於「性」所抱持的認知觀念與態度之不同，就會產生色情認定的差異。色情既然是人爲社會的副產品，如果想回答這個問題，最好從原始社會的人類活動中，去追蹤色情觀念是如何形成的。

「色情」原本是不存在的概念：這種觀點與論述，可以從下列兩種特殊歷史事實得到佐證。

一、生殖器崇拜的歷史事實

從許多考古學家所發掘的資料或史料證明，在人類文化史上普遍存在過一段相當長的生殖器崇拜時期。譬如歐洲舊石器晚期，從庇里牛斯山到頓河河谷出土的石質或象牙圓錐婦女像，一律都具有高聳的或下垂的碩大乳房，凸出的腹部和臀部，以及刻畫生動的女陰。

中國的生殖器崇拜時期，也可以追溯到遠古時代。譬如在中國新石器時代，遼寧紅山型文化祭壇，無頭孕婦陶像也突出地表現出生殖部位特徵。此外，在一些原始岩畫中，也都生動地描繪出兩性交媾，性特徵十分鮮明的人物形象。

中國古代先民認爲性是天地萬物之本，宇宙之源，因此，性交是合乎宇宙規律的自然之道。所以《繫辭》曰：「一陰一陽之謂道」。由此可見，中國古代哲學的二元思維，乃是從人的本體出發的。這種生殖崇拜的哲學與人生觀，不但表現爲一種原始風俗，而且滲透到後世的社會生產、藝術模式、思維心理、宗法制度、倫理道德等方面，成爲積澱於各民族意識深層的文化現象。換言之，初民對生殖器及生殖的崇拜，絕非色情的淫蕩，而是一種非常崇高的生命意志之強烈體驗。尼采的觀點與論述，最值得我們深思，尤其

對於沉淪於性迷亂時代的新新人類，更具反省意義，他說：「眞正的生命即透過生殖，透過性的神秘而延續的總體生命……生殖、懷孕和生育行爲中的每個細節都喚起最崇高最莊嚴的情感。……在其中可以宗教式地感覺到最深邃的生命本能，求生命之未來的本能，求生命之永恆的本能——走向生命之路，生殖，作爲神聖的路。❶」

二、地球上人類最古老的行業：娼妓

從世界各大小民族的歷史文獻裡，我們不難發現另一共同存在的歷史事實：從初民或原始社會開始，只要有群居的共同生活社區，就會有從事娼妓行業的女人，因此被稱爲地球上人類最古老的行業。一般說來，一方面人們認爲男女之性交是符合宇宙自然之道，另一方面，人們對於性態度與性行爲，又採自由開放與放縱的狀態，所以《周禮·地官》寫到上古：「仲春之月，令會男女，於是時也，奔者不禁。」又如在我國第一部詩歌總集《詩經》中，有不少關於男女性愛的大膽描寫：❷

期我乎桑中，要我乎上宮。

野有蔓草，零露漙漙。有美一人，婉如清揚。邂逅相遇，與子之偕臧。

這種對性愛的渴求，甚至連草露中交合也不避諱。這些大膽的描寫，表現了上古中華民族對性慾性感的自然態度。

在社會日常生活世界裡，每一個人既然都抱持這種自由、開放與放縱的性觀念、性態度與性行爲，對於從事於娼妓行業的女人，當然不會用任何道德主義的判準去另眼看待她們，所以也就沒有所謂淫蕩或色情的存在，因爲它們是道德主義價值判斷下的產物。雖然如此，當我們順著人類社會的歷史發展追蹤下去，又會驚訝地發

現，人類最古老的娼妓行業，雖然一直被社會所容忍而不被視爲色情，然而，當禁慾主義性禁忌出現之後，它不但被視爲典型的色情，而且爲色情的意涵或定義，提供了一種決定性的元素：賺錢或營利爲目的。

注　釋

❶尼采著，周國平譯，《偶像的黃昏》（湖南：湖南人民出版社），
　一九八七年。
❷《詩經・鄘風・部中・鄭風與野有蔓草》。

第10章　色情觀念或概念的濫觴

影子的影子世界：色情觀念的濫觴

「色情」此一原本不存在的觀念或概念，到底最先或最早出現在什麼時候或什麼人？依照可考與可靠的文獻資料，應該有以下兩個來源：

一、古希臘柏拉圖的理想國❶

柏氏本人是屬於理性主義者，他從意念主義的先驗世界出發，認為「理性意念世界」為代表眞理的第一世界，投射出「現象或物理世界」為代表感性的第二世界，而所謂「藝術世界」，只不過是藝術家模仿現實世界所建構的第三世界。所以從理性主義者看來，理性意念世界是第一性，感性物理世界是第二性，而藝術世界則屬第三性，因此，藝術世界的作品，只是影子的影子，摹本的摹本，跟眞理或眞實隔著三層。基於這種認知與論述，柏氏提出兩大罪狀，要把藝術家驅出「理想國」：其一是「文藝不是眞理」；其二是「文藝傷風敗俗」。

柏氏所謂傷風敗俗，很明顯地，是屬於一種道德主義的社會價值判斷，原本是使用在文藝現象的討論上，不過，當基督教神聖化性禁忌出現時，則變成判定或認定色情的另一決定元素：危害善良風俗。由此可見，柏拉圖理性主義的哲學藝術觀，為日後禁慾主義

性禁忌的色情觀念，提供了理論性基礎，並將引進政治權力的介入。

二、斯多噶學派的禁慾主義之教義

斯多噶學派（Stoic）的創始人芝諾（Zeno）認爲，美德是最高的善，而獲得美德的不二法門就是壓制情感，尤其是對性慾的壓抑。其後第一世紀的禁慾主義哲學家辛尼加（Seneca）有如下的描寫：

> 喜愛別人的妻子是可恥的事，同樣地，太愛自己的妻子也是可
> 恥的。一個明智的人應該以智慮而不是以深情愛自己的妻子。
> 他必須控制自己的衝動，不要莽撞地進行性交。

這種性是可恥的及放縱性是不道德或不善的觀念，日後就逐漸成爲判定色情的社會道德準則。

禁慾主義性禁忌的社會機制與色情觀念的確立

如上所述，人類社會演進到農耕生活時，出現了所謂禁慾主義性禁忌的思潮與制度，不管是中國的儒家倫理化性禁忌，或是西方中古封建社會的基督教神聖化性禁忌，都把性分別認定爲一種罪惡或原罪，再運用一套道德主義的社會機制，去正當化與合法化男女兩性的性關係，藉以確保種的繁衍或稱傳宗接代。因此，除了社會機制所正當化與合法化的男女兩性之性關係外，所有任何違反性禁忌的男女兩性之性關係，皆屬於色情的範圍。就此意義而言，色情的觀念或概念形式是指：非法或不正當的性觀念、性態度與性行爲

而言。至於色情的觀念或概念內涵，則會隨著特定歷史時間與獨特社會空間，而灌入差異性的內涵。換言之，色情做爲一種觀念或概念形式，它是永遠不會改變的，但是色情做爲一種觀念或概念內涵，則會有相當大的爭議與差別，昨天被認爲色情的，今天可能已經不再是，甲地認爲色情的，乙地又可能認爲非色情。

　　總而言之，希臘城邦的形成或出現，可以說是典型小型社會的象徵代表，又正值公元前四〇〇至三〇〇年左右，也是人類物質文明最爲發達的時期，大衆在尋找物慾滿足之餘，就在性放縱主義思想的作用與影響下，許許多多的藝術創作者，紛紛投入裸體藝術的創作行列，因而才有柏拉圖的「傷風敗俗」說。至於一般社會大衆在酒醉飯飽之餘，尋找魚水之歡，也就成爲日常生活世界的常態。這種縱慾的社會風氣才引發了斯多噶學派的禁慾主義之學說，而色情正是傷風敗俗與禁慾主義性禁忌的副產物，以倫理或道德主義之社會價值爲判準，凡是逾越正當化與合法化性制之外的任何男女兩性之性關係，皆屬於所謂色情的範疇。因此，單就觀念或概念的形式而言，我們可以爲色情提出沒有意涵的定義——泛指縱慾所引發傷風敗俗的性行爲與性關係。至於色情的觀念或概念之意涵，將隨著不同時空的社會生活與文化，被灌入差異性色情意涵。

注 釋

❶引自朱光潛著，《西方美學史（上卷）》（台北：漢京文化出版）。

第11章 色情的界定或定義

　　色情既然是禁慾主義性禁忌的副產品，同時，對於色情做爲觀念內涵，又是生活在該社會生活世界內行動者本身的主觀認定，因此，如何去界定色情或提出色情的定義？就顯得相當複雜而分歧，不過，經過我們比較整理之後，爲了研究方便，似乎可以區分爲下列三大類，我們先介紹並解析之後，再提出我們自己的界定：東方社會學的色情定義。

第一類型——法律條文的色情界定

　　世界各國的成文法律或不成文法的法院判例，對於色情界定或色情做爲觀念內涵的構成元素或要件，皆有相當明確的規定，除了我們自己的法律條文外，再選擇幾個案例來深入研討：

一、台灣有關色情界定的法律條文或法令內容

　　自從一九六〇年代台灣邁向工業化與現代化之後，由於外來現代觀念與功利價值觀的洗禮結果，在日常生活世界的現實文化，雖然發生了巨變，然而，單就性知識的法律條文或法令而觀，則甚少有什麼改變。換言之，老百姓的性觀念、性態度與性行爲等社會實踐，早已趕上所謂西方頹廢文明的性解放與性開放之步調，相對地，對於色情界定的法律條文或法令，卻仍然迂腐或頑固地死抱著老孔的倫理大腿：性等於罪惡或反道德，色則淫蕩也。因此，在保

守主義取締色情法律條文或法令和實際日常生活世界的性生活或性實踐之間，產生了巨大無比的矛盾、對立與衝突的性次文化鴻溝：性理想文化與性現實文化的背道而馳，茲將有關取締色情的法律條文或法令，分別列舉於下，以供讀者參考：

1. 刑法第二三五條：散佈或販賣猥褻文字、圖畫或其他物品、或公然陳列、或以他法供人觀覽者。
2. 出版法第三二條第三款：觸犯或煽動他人，觸犯褻瀆祀典罪，或妨害風化罪者。
3. 誨淫誨盜出版品取締標準（行政院新聞局行政命令）：

   ① 內容記載足以誘發他人性慾者。
   ② 人體圖片刻意暴露乳部、臀部或性器官、非供學術研究之用或藝術展覽者。
   ③ 刊登婦女裸體照片，雖未露乳部、臀部或性器官，而姿態淫蕩者。
   ④ 雖涉及醫藥衛生保健，但對性行為過分描述者。

4. 電影法第廿六條：妨害公共秩序或善良風俗之電影片，中央主管機關於檢查時，應責令修改或逕予刪剪或禁演。

二、就法律學的觀點而言

其實就法律學的觀點而言，任何法律條文或法令之規定，語意應該非常清晰而確定，語辭更不能曖昧或含糊不清。然而，色情與情色藝術皆屬於行為者和創作者的主觀認定之範疇，要想事先以法律條文或法令加以客觀上的認定或界定，就會出現兩大矛盾性弔詭：

其一，語意和語辭如果過於具體而非常確定，則其所能適用的

對象與範圍，就必然縮小，而無法有效嚇止色情的氾濫！

　　其二，假如把語意和語辭加以曖昧化與含糊化，這正是上述各條文的作風，則可以擴大取締的對象，又可以有效嚇止色情的擴散。然而，任何充滿不確定性與曖昧不清的語辭和語意，不用說，很容易引發取締者與行為者之間的爭議，譬如如何去認定「猥褻文字」？如何界定「足以誘發」的程度與深淺？行為者的姿態到底要到達何種地步才算「淫蕩」？性行為的描述要如何才算不「過分」？諸如這些問題的爭執，假如是在取締一般出版物或性產品，則爭議性較少且輕，用在取締情色藝術或身體藝術上，則問題嚴重矣！為何會如此？因為所有情色或身體藝術的創作，皆以「性」為核心的創造表現，其本身就帶有「藝術←性→色情」的三位一體糾纏性：創作成功則性昇華為藝術，反之，則變調成色情。就此認知而言，甚至連情色藝術或身體藝術的創作者本身都無法知道或判定，到底是屬於性的昇華或是變調？何況是外來的取締者？在後面研討情色藝術或身體藝術與色情之爭議時，我們會就此問題做非常深入的解析。

第二類型——一般普同性的界定

　　最典型的色情界定，莫過於具有世界性權威的國際大字典或國際百科全書，茲引用如下以供讀者參考：

1.依照《大美百科全書》的描述是：「是以繪畫的（graphic）或書寫的溝通形式，用以撩撥（arouse）性慾。基於色情有使人墮落或腐化而導致性犯罪的可能之假設，世界上大部分的國家均予以禁止」。

2.根據《韋氏第三版新國際字典》的色情界定是：「一種對妓

女與賣淫的描述或描寫，一種在寫作或繪畫上中對淫蕩（licentiousness, lewdness）的描寫」。

其實，不管是上述權威性字典或百科全書的色情界定，或是其他專業書籍或工具書籍的色情界定，都會引發爭議性弔詭：事先客觀的概括性認定與事後主觀的實質性認定的落差。譬如對於淫蕩的描寫與撩撥性慾的客觀概括性認定，事後行為者主觀的實質性認定，必然會引發相當大的落差與爭執：因為前者欲加之以罪，後者則想設法逃之夭夭！此外，我們必須特別指出的是，一般人常把色情或硬調色情（hard-corepornography）和猥褻（obscenity）混合使用，就性質而言，兩者是沒有區別的，然而就範圍與程度而觀，其差別則大矣！因為色情並無所謂法律上的指涉，而猥褻則是法律所明定的禁制範圍，也就是說，猥褻是構成法律上犯罪的特定色情。

第三類型——專業人士的詮釋

誠如我們前面所指出，法律條文或法令的事先客觀概括性認定與行為者事後主觀實質性認定之間，存在著相當大爭議性弔詭，最後的仲裁者或裁判者，尤其在不成文法律或習慣法的社會，就完全交由專業人士來決定，因而也留下了相當可貴的參考文獻。在此僅以《查泰萊夫人的情人》（*Lady Chatterley's Lover*）之訴案為例，看看專業人士如何界定色情？

英國大文豪勞倫斯的這一部巨著，在其本國和世界各地，都曾經引發著撼動人心的「差異性色情認定」。首先在一九六〇年的英國法庭判決中，開宗明義就說：「該書將被認為是淫穢的……，如果就其整體而言，它的效果……足以使在所有可想見的情況下，閱讀其內容的人道德敗壞，心智腐化。」雖然如此譴責該書的色情內

容，卻又以英國法律條文中對猥藝的定義，對出版商做無罪開釋的判決。

　　不同國情與差異性民俗的日本，早在一九五○年也曾經對該書做過判決，令人費解的是：判決本身的論述與精神，充滿了曖昧性與矛盾性。起訴文中節摘該書有十二處的淫蕩性描述，會使讀者聯想到慾情、刺激、性慾與興奮，並且促使人引發羞恥與嫌惡的感覺。因此，最終判決文說：「此書雖本質上非猥藝文書，但出版行為構成猥藝，所以它是一本『春書』，而非文學作品。所以，發行人與翻譯者皆因猥藝文書販賣而被判有罪。」這個判決結果暴露了色情認定上的曖昧性與矛盾性。首先就曖昧性而言，法官既然採摘十二處有淫蕩性描述，為何不敢判定為色情？而改說非猥藝文書？也許不敢公開審判大文豪的文學成就吧！再就矛盾性而觀，既然在本質上不是色情小說，為何因翻譯與出版行為而使本質變了質並走了樣，而成為人人痛恨的春書？❶

第四類型──文藝學者的獨特立場與觀點

　　以上所述的各種色情觀點與界定，都屬於社會事實或社會實在的直接或單純認定，文藝學者則改從美學的立場與觀點，把社會事實或社會實在投射在想像的藝術世界裡，再來加以界定什麼是色情或猥藝。

　　文藝學者卡布朗（A. Kaplan）就認為，猥藝作為中性的語辭來看（排除任何社會道德或社會價值的判斷），在美學範疇上則可以區分為四大類型：❷

1. 平常的猥藝（conventional obscenity）：即反抗為人接受的性行為的標準，或表現出性的異端。

2.酒神的猥褻（dionysian obscenity）：通常表達對於生命的充沛喜悅，對於性的褒揚，或者過份沈溺於性。

3.乖張的猥褻（the obscenity of the perverse）：接受平常的性慣例，只是為了嘲笑它、愚弄它，使它變得吸引人，是世故的淫猥或故意的猥褻。

4.暴力的春宮（pornography of violence）：經常在侵犯或殘暴的行為中讓性慾得到象徵性的發洩，通常是暴力與性輪替出現，表現出虐待狂或被虐的乖張。

把中性的猥褻做過美學上的分類之後，他又提出結論式的批判如下：

1.平常的與酒神的猥褻在美學上扮演著相當重要的角色。

2.乖張的猥褻與暴力的春宮，則由於它們服侍死亡，無助益於生命，因而沒有美學上的價值與貢獻。

3.前兩者屬於藝術的範疇，後兩者則屬於色情的範疇。

由此可見，在文藝學家的眼裡，常人所謂色情與情色藝術，雖然兩者皆以「性」為主題對象，不過，兩者最大的差別在於：色情的背後只有或僅止於感覺的刺激，相對地，情色藝術的背後潛存著或隱喻著人性與生命尊嚴的嚴肅主題。所以，凡是將人們的性活動景象單純地與直接地透過生物性或動物性的肉目處理或描述，藉以刺激觀賞者純粹官能的性慾反應，則屬於色情範圍；反之，假如把生物性肉目轉化為人類特有的靈目與智性中，藉以引發心靈美感和精神昇華力所形成的作品，皆屬於情色或身體藝術的範疇。因此，詩人羅門才會認為：藝術與色情的問題，宜從創作者與觀賞者的心態去考察，方能獲得確實的指認。當然，這種創作者與觀賞者的心態又跟該時代與社會文化背景，有著密不可分的關係。

第五類型——社會學的界定

如上所述，從社會學的立場與角度而觀，色情原本是不存在的東西，它純粹是禁慾主義性禁忌的副產品，因此，如果我們想為色情提出一個嚴謹的操作性定義，務必從人類社會的性史中，去尋獲得以構成或組成色情此一概念或觀念的獨特屬性。現在我們就順著前述「性意識史」的重大時期，企圖來抽取最主要的獨特屬性。

一、生殖或生殖器崇拜時期

在這個時代人們把性和生命連結在一起，而以非常嚴肅的心態去崇拜生殖，所以在人們的心目中，性不但是生命之泉，更是生命尊嚴的象徵。這種性的獨特屬性，跟禁慾主義性禁忌的性罪惡觀，可以說是完全相對立，所以也就不可能與其副產品色情會有所相干或瓜葛。

二、在中國倫理化性禁忌與西方神聖化性禁忌之前的時期

在這個漫長的歲月裡，就人類的性活動或性次文化而言，是屬於所謂性自由的時代或稱性放縱的時代。在一般社會生活世界裡，出現了跟後來色情有著息息相關的性活動，那便是地球上人類最古老的行業：賣春或娼妓的出現。這個行業的最大特徵，是以附著於肉體的性為工具去賺錢。一旦性被認為是一種罪惡的時候，這種獨特的屬性也就順理成章地成為色情的原兇，而成為禁慾主義性禁忌的眼中釘。

三、中國倫理化性禁忌與西方神聖化性禁忌時代

在這個時代裡，人們對於性的看法有兩大特徵：

1.所謂性，單指生殖器的性，是一種狹義的性。
2.性是一種原罪或罪惡，是反道德的污穢物，所以採用禁慾主義性禁忌。

這種狹義的性觀念與道德主義的性罪惡觀，經由性禁忌的社會機制與性制度之運作，就促成了當時「狹義的色情定義」：凡是以人體的性器官為工具而從事於賺錢的活動者，皆稱之為色情。

其實，性既然是人的本性，所以不管是中國或西方社會，在冠冕堂皇的性禁忌下，卻是存在著許許多多見不得人的性亂象，因此，首先起來嘲諷與調侃的人，正是一般所謂的言情小說或色情文學，也因而擴大了所謂色情的意涵。

四、西方性解放與性開放的時代

隨著近代西方科學的發達以及工業化現代社會的來臨，傳統禁慾主義性禁忌與狹義性觀念，在性解放與性開放運動的打擊與洗禮下，終於產生了巨大變化，理所當然地，也就引發了人們對於色情認定的改變。一方面，狹義的性擴大為廣義的性：凡是能引起感官刺激之快感者皆可謂之性，譬如擁抱、接吻、愛撫、口交……。另一方面，禁慾主義性禁忌也逐漸轉化為自由主義性開放，其結果是：色情的意涵也就隨之而有所改變。經過我們對於工業社會的長期與深層觀察結果，我們似乎可以為現代的色情觀念，提出最為廣義的界定或定義如下：

任何以言語、聲音、姿態、動作、圖片、器具或道具、圖象或圖樣、符號或象徵、文字，以及身體等等為工具，用以刺激或滿足觀賞者的性慾或快感，進而得以達到賺錢或謀利或滿足自己的感官快感為最終目標或目的者，皆可謂之色情。

五、西方所謂後現代主義的狀況

經過將近百年的性解放與開放的社會運動之後，歐美社會出現了所謂「後現代主義」（post-modernisme）的性觀念，不再把「性事」劃入「公領域」，而是返元歸入「私領域」。也就是說，所謂「性事」只不過是私德問題，公權力不再以「色情」的公德判準去介入或干涉，而改以「性教育」去教導性事，並以「輔導和管理」去容忍所謂色情問題。至於民間社會裡則出現了兩極化的現狀：反禁慾主義的傾向與追求身體藝術的新潮流；因此，完全淡化了所謂色情的問題。

注　釋

❶黃得時著，〈日本審判查泰萊案發行人與翻譯者均判罪〉，刊於
《中國時報》，民國六六年一月一二、一三日人間副刊。

❷引自陳蒼多〈以「查泰萊夫人的情人」為例，說西洋性文學作品〉
一文，刊於《文訊月刊》第五期，一九八三年，頁八八～八九。

第12章　色情的觀念內涵與性生活世界的辯證關係

　　如上所述，色情本來是不存在的事物或概念，它道道地地是禁慾主義性禁忌的副產品，一旦形成或出現之後，所謂色情做為一種觀念或概念形式而言，是永久不變的：指性禁忌的社會機制所正當化與合法化之外的任何男女間之性關係。相對地，我們也一再強調，這種永恆不變的色情之觀念形式——除非性禁忌的社會機制完全消失，它才會不復存在——又會隨著現實生活世界的性次文化或性生活之實踐，而被人們灌入差異性的內涵，也就是說，色情做為一種觀念內涵，並非一成不變的，相反地，它會隨伴著現實性生活或性次文化而產生辯證關係。

　　色情既然是禁慾主義性禁忌的副產品，那麼，依照上述「性意識史」的追蹤分析，這種辯證關係也就不會存在於傳統農業社會之前，因此，我們就依照社會發展的歷史時序，以中國傳統農業社會的倫理化性禁忌為典型代表，深入探討分析並說明，為何色情會被人們灌入那樣的觀念內涵？其次，再以西方現代工業社會的性開放為例，追蹤分析性解放與性開放下的實際性生活或性次文化，進而解析並說明色情被灌入了什麼樣的新觀念內涵？最後，我們再來看看二十世紀末的台灣社會本身，就色情的觀念內涵而觀，人們又會灌入什麼樣的意涵？現在我們就依照緒論裡所提出的特殊分析架構來分析：把性個體排放在性知識、性權力與性制度三者所構成的三角形內去分析男女兩性的性關係。

中國傳統農業社會的倫理化性禁忌

　　中國傳統禮教文化，一直與性次文化處於對立的地位，尤其是封建宗法制度對於性慾的壓抑與宰制，再經儒家倫理化性禁忌的社會機制之配置，早已使男女關係的唯一正當與合法形式只剩下「婚姻」，而婚姻的目的也不是為了性愛和情慾的需求，而只是為了「上以事宗廟，下以繼後世」。不但如此而已，男女婚姻的結合，並非個人自由意願的產物，而是性權力介入的結果，所謂「父母之命，媒妁之言」。相反地，就變成「不待父母之命，媒妁之言，鑽穴隙相窺，踰牆相從，則父母國人皆賤之」。

　　如此毫無個人自由，處處又受禮教約制與性權力介入的性次文化或性生活，在漢明帝佛教傳入中國之後，又因為佛教主張清心寡慾，否定塵世間的種種聲色之樂，終於在佛教的影響與作用下，使封建宗法的禮教與儒家之倫理化禁慾主義，又加上宗教神秘化禁慾主義的色彩，影響所及，宋明理學開始將「存天理，滅人欲」的觀念推向極致，並提出所謂「性與情，天理與人欲，道心與人心」的二元對立思想，不能容忍人的自然慾望，尤其是性原慾，更要完全歸入封建倫理道德的約束與宰制中。

　　從中國傳統禮教，儒家倫理化性禁忌，再到佛教的神聖化禁慾主義，很明顯地，由性知識、性權力與性制度三者所構成的三角對於性個體的制約力與宰制力，可以說是有增無減：性個體的性生活或性次文化，從早期宗法禮教的約束，經倫理道德的規範宰制，再增添道心與天理的冥控。色情既然是正當化與合法化性制度之外的男女間之性關係，這些現實生活世界的性實踐或性次文化，也將透過色情與社會發展的辯證關係，反應或反射出色情的觀念內涵或意

涵。茲分述如下：

1. 最初在傳統封建宗法的禮教約制下，任何非正當化與非合法化的男女間之性關係，必然引來初級群的性權力之介入，包括父母、族長與地方仕紳等權威，基本上，色情只是被認定為個人的社會偏差行為而已，違背所謂「禮、義、廉、恥」而為世人所賤或唾棄的不當行為。

2. 傳統禮教與封建宗法，經由儒家倫理化性禁忌的渲染，以及佛教的禁慾與性罪孽觀的影響之後，一方面「性」變成是一種罪惡、反道德與污穢之物，另一方面禁慾又是為了維護社會共同秩序與和平生活，所以，任何違反倫理化性禁忌的色情，就順理成章地變成是一種社會犯罪行為，當然就會引來中央或地方政治權力的介入，而會被判定為違反社會道德、倫理與法律的犯罪行為。

3. 經由宋明理學的詮釋結果，任何逾越性禁忌的非合法化與非正當化男女兩性的性關係，不但違背道心，更是天理難容。換言之，色情做為觀念內涵，已經不只是人慾與人心的問題，而是已經涉及道心與天理的終極價值之判斷問題：色情等於犯了天條大罪也。

西方現代工業社會的人文本位主義性開放

在「性意識史」的追蹤分析裡，我們一再指出並強調，歐洲中古封建社會，其實也是屬於傳統農業社會的型態，只是就人類「性意識史」的發展過程而觀，由於基督教文化的宰制，並沒有像中國農業社會那樣直接由農業結構與農業生活方式，反射出與之相對待的倫理化性禁忌思想與社會機制，相反地，直接由基督教的性原罪

思想去建立了神聖化性禁忌的社會機制。雖然如此，單就性禁忌所產生的效果與影響而言，跟中國倫理化性禁忌比較，可謂大同小異，所以我們才選擇中國農業社會做爲性禁忌的分析對象。

有趣的是，當中國農業社會一直停留在原地踏牛步時，西方傳統農業社會卻是在現代科技與資本主義的帶動下，逐漸引發了史無前例的社會大變動與轉型，隨之而來的正是「性意識史」發展上的兩大社會運動：性解放運動與性開放運動。其結果，所謂色情觀念之內涵與性生活或性次文化間的社會—歷史辯證關係，也起了一百八十度的大變化。換言之，隨著歐洲性解放與性開放的兩大社會運動之過程及其結果，經由現實社會世界的性生活與性次文化之改變，人們所灌入色情的觀念內涵或意涵，已經跟傳統禁慾主義性禁忌時代的實質內涵，可以說完全不同矣！依照我們研究與觀察的結果，似乎可以肯定有如下的轉化：

1.在神聖化性禁忌下，色情被歸屬於「公共或公眾領域」，由政教合一的中央或地方權力介入：政治公權力或教會權力。經由性解放與性開放運動之後，性生活或性次文化完全擺脫了性禁忌的禁錮或枷鎖，並漸漸遠離中央或地方權力的干擾，因此，色情也逐漸被定位爲「私人或個人領域」，不希望再受任何性權力的干擾。

2.性原罪的性禁忌認爲，色情是一種天堂性原罪，在地上王國的重現或再現，因此，不但違反了神意或神旨，更是違反社會道德或規範的偏差或犯罪行爲。然而，經過長期性解放與性開放的社會運動之洗禮後，性原罪的觀念已逐漸消失，代之而起的認知是：性是自然的，也是中性的。因此，色情並不涉及犯罪問題，僅僅是當事人的人格與操守之道德問題，最多也只能說是一種個人的社會偏差行爲而已。

3.過去在父權體制與大男人主義的影響與作祟下，一旦有任何

色情發生，所有來自社會或公眾的譴責與懲罰，不但非常嚴苛，而且絕大部分都要女方去承擔，我們可以稱它為「大男人主義所灌入的色情之觀念內涵」。相對地，在長期性解放運動與性開放運動之後，父權體制早已動搖而逐漸趨於瓦解，代之而起的正是男女平等與平權的性關係。這種轉化經由現實性生活或性次文化而反射在色情的觀念內涵上，則又有了兩大變化：

①人們對於色情的譴責與懲罰，已經逐漸趨於淡化或輕化。
②如果仍然還有任何程度的責備或處罰之要求，也要雙方公平地去承擔或分擔。

4.在早期神聖化性禁忌時期，人們對於「性」所採用的是狹義的定義，所以色情的主要觀念內涵，也僅僅限於婚姻制度外非正當化與非合法化的男女性關係。然而，在性解放與性開放運動之後，人們對於「性」的認知，已經改採廣義的定義，因此，色情被灌入的觀念意涵或內涵也延伸為：任何以身體、語言、符號、圖片、姿態等為媒介，意圖撩撥或滿足他人之性慾，進而達到賺錢或滿足自己性快感為目的者，皆屬於色情的範疇。

第13章 色情所扮演的社會功能與現代社會的解決方式

　　從「性意識史」的追蹤分析與前面的解析，很明顯地，在禁慾主義性禁忌之前，不管是生殖或生殖器崇拜，或是性自由或性放縱時期，既然沒有所謂色情觀念的存在，當然也就沒有什麼色情的社會功能可言。

　　然而，從中國倫理化性禁忌與歐洲神聖化性禁忌開始，性不但被視為是一種原罪或罪惡，而且為了傳宗接代，性又被正當化與合法化在婚姻制度的框架內，因而才有副產品出現：凡是在婚姻制度的框架外所發生的男女「性」關係，皆屬於公權力或性權力所要介入的犯罪行為。由此可見，社會不但無法容忍或接受色情的存在，而且把它視為一種犯罪或違法行為。所以，任何色情的出現或存在，就社會功能的觀點而言，色情所產生或扮演的是一種「負功能」：危害社會秩序並破壞和平共存的社會生活世界。除此之外，毫無任何「正功能」可言。

　　雖然如此，自從現代工業社會君臨，尤其是後工業社會出現，以及性解放運動和性開放運動打垮了禁慾主義性禁忌的社會機制之後，正如同上面所述，經由色情與現代化生活世界的辯證結果，色情的觀念內涵，有了驚人的大轉化：從公領域變成私領域，由罪惡觀轉為中性論或自然觀。因此，過去色情所扮演的負功能，也隨著起舞而轉化為令人刮目相看的「正功能」：社會安全的出氣筒。要想瞭解這種變化的相關以及正功能的意涵，我們必須再回到現代工業社會的日常生活世界與現代「性」觀念的變化世界裡。

現代人對色情的需求

　　就現代工業社會的日常生活世界而觀，現代人會面臨下面種種問題或困境：

1. 從工作中的緊張、壓抑與焦慮，會逐漸累積出龐大的生活壓力，有待紓解或消化。在工作之後的休閒活動裡，俗稱所謂「五大」（five bigs）：煙、酒、賭、色、電視等，正好是最佳有效管道。也就是說，色情已經逐漸成為現代人紓解工作壓力的方式之一。

2. 現代跨國企業、全球性航空與海運網，以及遍及世界各地的旅遊狂潮，促成了離鄉背井的遊子人潮。在他鄉為異客的期間，當然也有性的需求。這一點說明了一件事實：為何在全世界的大港口或大都會區，都會有色情花花世界的存在，譬如法國巴黎的十九區紅磨坊、荷蘭阿姆斯特丹的北運河區、德國漢堡市的聖保里街、日本東京市的淺草區等等，不勝枚舉。

3. 在性解放與性開放的社會裡，一方面，有越來越多的男女終生都不想結婚，另一方面，即使結了婚，也很容易分居或離婚。不管是獨身主義者，或是離了婚的男女，仍然都有性的需求，需要靠色情的存在來解決。

4. 婚姻即使很美滿，也會因為意外事故或病死，而成為喪偶的獨居者，他們也有性的需求。

現代人對色情的消毒

如上所述，歐美社會經過長期的性解放運動與性開放運動之結果，禁慾主義性禁忌早已成為歷史名詞，在性開放社會裡，色情早已被現代人所消毒而解讀為：無罪、無關道德、無關淫蕩或恥辱的自然與中性事物。換言之，現代人不再把色情排放在公領域的範疇，視之為戮毒社會的洪水猛獸，欲消滅之而後快。相反地，他們已經把色情消毒過後，把它安置在私領域的範疇，每一個人都可以按照自己的自由意志與嗜好，去看待色情：容納、容忍或排斥。

綜合看來，一方面，生活在後工業化社會的現代人，有越來越多的男女對色情有強烈的需求，另一方面，色情本身也越來越能夠為世人所容忍或接受，因而就產生犯罪社會學家柯恩（Cohen）所謂的「社會安全的出氣筒」功能：整體社會就好比是一個「高壓蒸氣鍋」，色情的存在就是它的出氣孔，出氣孔一旦被堵塞，就好比色情被消滅，氣鍋就會面臨爆炸的危險，就好比整體社會安全會出問題一樣。

現代社會解決色情問題的新方式

西方工業社會，歷經近百年的性解放運動，以及二十世紀中葉以來的性開放浪潮之洗禮，傳統禁慾主義與性禁忌的道德主義，已逐漸為世人所唾棄，代之而起的是追求馬庫色所鼓吹的「愛慾」社會，也因為如此，官方社會對於民間社會的色情認知與解決方式，亦有了重大的改變，茲將重點列舉如下，以供讀者參考：

1.不再以傳統禁慾主義的美德觀和性禁忌的道德論，去看待色情問題。

2.把色情看成是民間社會的安全出氣筒，以及絕對必要的惡物。因而，逐漸將過去打壓或消滅的意圖，改採容忍與寬容的態度。

3.把色情問題從「公領域」（或稱「公德問題」）化歸為「私領域」（或稱「私德問題」），性權力或公權力盡量減少介入。

4.為順應性解放與性開放的時代新浪潮，開始推廣性教育，藉以減輕性亂象與色情問題。

5.對於實際存在的色情問題，則在容忍與寬待的立場及態度下，採取了有效的「三化」政策：

①第一化——炭色地帶化：炭色地帶化意指將色情或特種行業集中在特定的地區，以免干擾居民的生活，尤其避免幼童心靈蒙受污染。

②第二化——衛生管理化：色情問題的存在，如果沒有有效的管理，往往會延伸出許多衛生問題，所以必須有效地加以管理。

③第三化——藝術觀光化：把色情存在的炭色地帶，不管是人、物或地，統統給予藝術化，藉以招來觀光客，賺取更多外匯，此即所謂的「無煙囪」工業。

第14章　色情問題的社會學分析：以傳統中國社會爲例

色情：觀念形式的出現與觀念內涵的不存在

　　色情既然是一種禁慾主義性禁忌的副產物，在性自由與性放縱的雜交時代，當然也就沒有所謂色情問題的存在，甚至於到了周朝與春秋戰國的時代，雖然早已有了家庭與婚姻制度的存在，但是對於男女兩性的性關係，還是顯得非常自由與雜亂，這一歷史事實我們可以從《左傳》的許多記載去獲得佐證❶。

　　雖然有保姆和宦官的監督，已婚婦女仍可以找到充分的機會私通。況且寡婦，雖然稱爲「未亡人」，卻常常再嫁，雖然守寡，卻過得相當自在。下面引用一些歷史事件，用以說明當時的性生活：

1. 公元前七〇八年，宋國出身公族的華父督道遇宋國高官孔父之妻而一見鍾情。次年華父督攻打孔父的宅第，殺死孔父而奪其妻（《左傳》譯本卷一，頁六七）（見《左傳》桓公元年和二年，公元前七一一、七一〇年）。
2. 兒子與自己父親的妻子通姦並不少見。公元前六六五年，晉獻公在染指他父親之妾以前一直無子，他父親之妾爲他生有一子一女（《左傳》譯本卷一，頁一九四）（見《左傳》莊公二十八年，公元前六六六年）。
3. 公元前四九四年，衛靈公娶南子爲妻，南子因與自己的兄弟

亂倫而聲名狼籍。爲了取悅南子，衛靈公竟召南子的兄弟朝見。他們的亂倫應爲人知，甚至連農民在田裡幹活都編唱歌曲戲謔他們（《左傳》譯本卷三，頁五八七）（見《左傳》定公十四年，公元前四九六年）。也許應當補充一點，孔夫子曾因與南子會面而受到指責，但他拒不接受這些批評，理由是他和南子會面期間南子一直站在屏風後邊，這完全符合當時已婚婦女與非血親關係或婚姻關係的男人交談時所須遵守的規矩（《論語》卷六，二十六章）（見《論語·雍也》）。

4. 記載公元前五三七年史事的下述資料證實，出身高貴的男女有許多機會相見。一位名爲穆子的官員與他的族長發生口角而出奔齊國，到達庚宗城時，他遇見一婦人，用食物款待他並留他過夜。第二天一早還送他上路。後來這位婦人帶著她爲他生的兒子找到穆子的宮廷，被他接納爲妻，受到寵遇。文中沒有跡象表明此婦人出身低賤（《左傳》譯本卷三，頁八九）（見《左傳》昭公四年，公元前五三八年）。同樣的情況也見於公元前五二二年，楚國國君在蔡時，鄰陽封人之女自願做他的妾，被他接受，後來爲他生了一個兒子（《左傳》譯本卷三，頁二九五）（見《左傳》昭公十九年，當公元前五二三年）。

5. 公元前五三○年，魯國有一位姑娘夢見她爲孟氏之廟搭一帷幕，於是和她的一位女友自願做孟僖子的妾，也被接受（《左傳》譯本卷三，頁一八四）（見《左傳》昭公十一年，公元前五三一年）。

儘管由第四例以後看來的三個女人，其動機也許完全不同，第一、二例可能表明性交是出於好客的義務，而第三例則表明必須遵照夢中的神諭。不管屬於哪種情況，這些資料都表明男女相見是自由的。這些事實還證明，在這類事情上，婦女常常可以按自己的意

願行事。

　　有趣的是，面對著如此性亂象，當時因為還沒有出現性禁忌的思想，所以也沒有出現所謂色情問題，即使在儒家倫理化性禁忌思想出現之後，雖然在思想上與理論上早已有了「觀念形式」的色情：泛指合法化與正當化之外所有男女兩性的性關係，皆屬於社會善與社會期待所不能容忍或不能接受的傷風敗俗之色情範疇。不過，在實際性活動與日常性生活世界裡，色情的真正「觀念內涵」，並沒有明顯的一致性社會認定，也就是說，社會上對於色情的認定或判定，一直都沒有共契性或共識性的道德判準。為何會如此？依照我們的社會學分析，似乎可以把原因歸納為：

1. 從中國古代的文獻記載與各地方的民情風俗看來，中國人的祖先相當崇尚自然主義的性自由與性放縱，在這種傳統性次文化的影響與作用下，基本上，可以說毫無色情的概念存在。

2. 即使在漢朝董仲舒獨尊儒家之後，在表面上與理論上，倫理化性禁忌思想已經成為社會主流或優勢思想，然而，依照許多言情小說和性學者的研究顯示，一直到宋明理學出現之前，儒家倫理化性禁忌思想根本就未曾落實到社會的實際性活動與性生活世界裡，司馬相如與卓文君的私奔故事，就是一個明顯的例證。

3. 就政治社會而言，官方雖然高喊著儒家的倫理化性禁忌思想，然而，在實際性活動與性生活世界裡，卻是信奉傳統的性陰陽觀與道家或道教的性自然論：認為男女兩性的性行為性交合，不但合乎自然宇宙之法則，而且還會有陰陽互補的效果。換言之，上自皇帝下至王官貴族或文武百官，大家所吶喊的性思想與性知識都屬於儒家性禁忌的範疇；相對地，在性活動與性生活世界所信奉與實踐的，卻又都是性陰陽觀

與道家或道教的性自然論,所以根本就沒有色情的概念存在。

4.就民間社會觀之,一來整個社會相當貧窮,二來財富分配又極端不平均,絕大部分的財富都集中在極少數的地主與富商之手中。因此,許多老百姓往往會在生存壓力下,尤其是在兵荒馬亂的時期,為了餬口,不少窮困的良家婦女不得不以肉體為賺錢工具,久而久之,逐漸成為社會所共同默認或容忍的性次文化,當然也就不會有色情的觀念。至於那些少數地主與富商,由於受到官場性次文化的感染與模仿結果,就性活動與性生活世界的實際情形而言,跟上述政治社會的人並無二致,當然也沒有色情的概念存在。

總而言之,在傳統中國社會裡,由於人們所崇尚的是自然主義的性自由與性放縱思想,所以根本不會有色情概念的存在。即使到了漢代,雖然儒家倫理化性禁忌已經成為社會主流或優勢文化,然而在《易經》的性陰陽觀與道家或道教的性自然論之影響與作用下,卻不曾真正有效地支配整個社會的實際性活動與性生活世界。因此,在理想文化與理論層次上,雖然已經有了色情的「觀念形式」,但是在實際性次文化與性生活上,仍然沒有色情的「觀念內涵」,也就是說,還沒有判定或認定何者為色情的共識性或共契性社會判準。

這種情形要一直等到宋明理學的出現之後,才有了一百八十度的大轉變。以上我們對於色情問題的社會學分析,可以從妓女問題的歷史演變過程去獲得有效驗證。

中國妓院的歷史演變

一、妓院的前身：女巫、巫娼、女閭與女樂

地球上最古老的行業，很可能就是妓女，不過，依照可靠的人類歷史文獻之記載，最早的妓女也可能是「巫娼」：所謂宗教賣淫。歷史之父——古希臘史學家希羅多德（Herodotos, 約 B.C.484-425），記述了女子到維納斯神殿行宗教賣淫的情形，這種習俗起源於古代巴比倫女子在米蘇達神殿的奉獻。所以羅素在其名著《婚姻與道德》一書中說：「古代娼妓制度絕不如今日之為人所鄙視，最初娼妓乃一男神或女神之女巫，承迎過客為拜神之表示。」同樣地，依照王書奴在《中國娼妓史》（一九三四年）的考證，中國在殷代也有巫娼之存在，妓女象徵「神聖」而為神服務，根本不帶有絲毫社會服務之賺錢目的。此外，依照嚴明在《中國名妓藝術史》一書中更進一步指出，殷商時代女巫的地位很高，她們主持著各部落社會中的各種祭祖與拜神儀式，用口語與身體舞姿表現出天神降臨的訊息。女巫能歌善舞，工於言語，妝飾出眾，因而不但受到大眾的敬重，而且被視為仙女一般。

不過，到了殷商晚期，上古時期的祭神女巫早已逐漸演變為酣歌恒舞的巫娼。有趣的是，殷商雖然被周所滅，女巫之風卻未曾稍減，反而透過楚國巫娼的興盛而得到了極大的發展。楚國巫娼歌舞表演的目的，已經逐漸由祭祖拜神轉為世俗的享樂。所有達官貴族在欣賞美妙歌舞的同時，也逐漸培養出華麗細膩的審美要求，且看宋玉的〈招魂〉和屈原的〈大招〉：

美人既醉，朱顏酡些。娭光眇視，目曾波些。被文服纖，麗而不奇些。長髮曼鬋，艷陸離些。二八齊容，起鄭舞些。衽若交竿，撫案下些。竽瑟狂會，搷鳴鼓些。宮庭震驚，發《激楚》些。吳歈蔡謳，奏大呂些。士女雜坐，亂而不分些。放陳組纓，班其相紛些。鄭衛妖玩，來雜陳些。〈招魂〉

朱唇皓齒，嫭以姱只。比德好閑，習以都只。豐肉微骨，調以娛只。魂乎歸徠，安以舒只。嫮目宜笑，娥眉曼只。容則秀雅，稚朱顏只。魂乎歸徠，靜以安只。姱脩滂浩，麗以佳只。曾頰倚耳，曲眉規只。滂心綽態，姣麗施只。小腰秀頸，若鮮卑只。魂乎歸徠，思怨移只。易中利心，以動作只。粉白黛黑，施芳澤只。長袂拂面，善留客只。魂乎歸徠，以娛昔只。青色直眉，美目婳只。靨輔奇牙，宜笑嘕只。豐肉微骨，體便娟只。魂乎歸徠，恣所便只。〈大招〉

　　西周爲奴隸鼎盛時代，絕大多數的奴隸皆屬於官府，稱爲官奴或官婢。到春秋時期，齊國管仲爲了增加國庫收入，開始設立「女閭」，讓官婢賣淫，她們只能含羞忍辱，充當「官妓」的角色。

　　早在春秋戰國之前，中國便有了「女樂」，《管子‧輕重甲云》：「昔者桀之時，女樂三萬人，端噪晨樂聞於三衢」，充分說明了宮內追求聲色享受與豪華排場。到了春秋時代，女樂不僅仍然是君王們聲色享樂的對象，而且還是君主之間進行政治鬥爭的工具，即使是中國頭號聖人孔子，當年也曾抗不過女樂的魔力而遭到政治上的挫折（請參考《史記‧孔子世家》）。到了動盪不安的戰國時期，祭祖或拜神女巫的遺風早已絕跡，代之而起的是官妓與私妓的同時興起。其實這個時代的私妓，嚴格說起來，也只能稱之爲「遊蕩的女娼」而已。譬如《史記‧貨殖》傳說：「越女鄭姬，設形容，揳鳴琴，揄長袂，躡利屐，目挑心招，出不遠千里，不擇老少者，奔富厚也。」《漢書‧地理志》亦說：「趙中山地薄人衆，猶有

沙丘紂淫亂余民。丈夫相聚遊戲，悲歌慷慨，作奸巧，多弄物為倡優。女子則彈弦跕躣，游媚富貴，遍諸侯之后宮。」

動盪的政治局勢和強宗大族的暴起暴滅助長了道德鬆弛和性放縱。王公和達官貴人除妻室外還擁有成群的女樂。她們在正式宴會和私人酒席上表演歌舞。這些姑娘和她們的主人、主人的左右以及賓客亂交。她們常常被易手，一賣再賣，或當作亂物饋贈他人。饋贈女樂是諸侯宮廷外交活動的一項內容。我們從《左傳》上讀到，公元前五一三年，有位官吏涉於訟事，曾以一群女樂賄賂法官（《左傳》譯本卷三，頁四四五）。這些姑娘是從什麼等級徵選尚不清楚，可能她們大部分是家中養大的女奴，在歌舞方面表現出天才，但也有可能把女戰俘收編其中。這些女樂是官妓的前身，官妓在後來的中國社會生活中占有相當重要的位置。

二、妓院的產生

依照陳東原在《中國婦女生活史》（一九二八年）的研究與考證，中國之有妓女——以社會服務為目的——應該追溯到漢武帝在軍中所創設的女營從征，稱為「營妓」。另外，由於社會經濟狀況的改變導致了妓院的產生。一方面富足的商人階層想尋歡作樂，但又無力蓄養伎樂，或害怕被統治階級視之為僭越，不敢這樣做。另一方面，社會的變遷破壞了許多中等階層和農民的家庭，造成大批遭遺棄、不得不尋求僱主的婦女。這種情況促成了私營商業性妓院的產生。這種妓院叫做「倡家」或「倡樓」，陳設豪華。後來人們也稱之為「青樓」，因為它們的木製品多像殷富人家的宅第一樣漆成青色。

三、妓院的三種等級

古物鑑賞家周密（一二三二～一三〇八年）在《武林舊事》卷

六中把妓院分為三個等級。他先寫的是最低的一等，即為窮人和士兵服務的普通妓院，其次是帶有各種設備的酒樓，最後寫的是有高級藝妓招待的上等娛樂場所。

也許這種低級妓院是來源於官辦妓院或與之有關。官辦妓院的姑娘主要從三種女子中招來：(1)判為官妓的女犯人；(2)犯人的女性親屬，她們受到「籍沒」的處罰，即將犯人的所有近親都變成奴隸；(3)女戰俘。這些女子因而淪為「社會賤民」，成為一個特殊的社會群體，她們的身分要由法律來確立，其成員要遵守各種資格規定，如不得嫁給其他階層的人。因此這些妓女的地位與藝妓有所不同，藝妓的為奴不是根據法律裁定，而是基於私人的商業交易，而且只要被贖或還清主人的債務，她們還會重獲自由。可是淪為「社會賤民」的妓女卻注定要為軍隊和各種文職部門的下層官吏服務。當然這些女子的命運是可怕的，她們要想逃脫這種悲慘的生活，只能等待政府大赦，或者被某個大官看中，帶她回家。譬如宋代官員可以從政府購買或租用這類女子。

在此要補充的是，明代的長篇小說和短篇小說中偶爾提到士兵、水手和市井無賴光顧的低等妓院。當時，這種人被稱為「嫖」。這種最下等的妓女之所以被人看不起，不僅是因為她們是罪犯或罪犯的親屬，而且還因為她們缺乏高等妓女的技藝。因此，「嫖」就成了一個粗俗的罵人詞彙。

四、妓女的社會功能

對於妓女所扮演的社會功能，我們可以區分為兩種不同功能來講：

㈠一般妓女所扮演的社會正功能

依照莫尼（J. Money）教授所主編《性學手冊》（一九八七年）

第八十六章〈娼妓〉，史但尹（M. S. Stein）所撰寫，認為妓女所扮演的五大心理社會功能是：

1. 妓女提供了一種方便的、無情感的、無責任的與多樣化的性服務，最能夠滿足離婚者，遠離配偶、獨身者與阿兵哥等的性需要。
2. 妓女提供各種性工具，多元化性行為方式，有助於性經驗的擴張。
3. 妓女擅長扮演各種不同的性角色：母親、情人、兄妹、子女等等，有益於性的諮詢、危機的化解及苦悶的消除。
4. 妓院與妓女做為社交娛樂的場所。
5. 妓女有利於性醫療，可以治好男人早洩或陽萎，也有助於性保健。

㈡一般妓女所扮演的社會負功能

一般社會科學者皆認為，妓女所扮演的社會負功能往往會大過於正功能，主要包括：

1. 萬惡以淫為首，妓女是淫業，敗壞社會風氣，使人墮落或犯罪。
2. 妓女誘惑嫖客，破壞家庭。
3. 妓女的存在，侵害婦女的尊嚴，象徵男性對女性的性剝削。
4. 成為犯罪之源：吸毒。
5. 性病之源。
6. 變態性行為之源：口交、肛交或性虐待。
7. 喪失自我人格，受世人輕視，無法好好做人。

五、高等藝妓所扮演的社會功能

在中國傳統社會裡，尤其在唐宋的時代，藝妓被認為是一種正當職業，在社會中得到認可，並沒有什麼不光彩。與下等娼妓相反，她們不受任何社會資格問題的限制。每個城市都以它的藝妓為榮，她們經常出現在一切公開的慶祝活動中。在宋代，她們在諸如婚禮一類儀式中也有其固定的作用。當然每個藝妓的最終目標是被一個愛她的男人贖出，但那些找不到丈夫的藝妓照例也得養活自己，當她們年老色衰不能接客時，便留在妓院中，依靠教導年輕姑娘音樂舞蹈為生。

唐代文學提到藝妓，主要把她們看作是京城和大城市（仿效大都市的社會風尚）中花花公子的相好；而同時在中上等階層的日常生活中，藝妓也相當重要，但不那麼惹人注目。官吏、文人、藝術家和商人的社會活動主要是在家外的酒樓、寺廟、妓院或風景區進行。這類聚會不僅是在同夥中消愁解悶的主要手段，也是官方和商業事務不可缺少的一部分。每個熱衷於為了保住或晉升職位的官員總要頻繁而不間斷地宴請他的同事、上司和下屬；每個闊綽的商人也要在宴會上洽談與議定重要的買賣。唐代，妻妾是可以參加這種聚會的（雖有某些限制），但真正無拘無束的氣氛只有靠專業藝妓才能創造出來。一個官員只要能給他的上司或某個勢力的政客引見精心物色的藝妓便可確保升遷，商人也可用同樣的手段獲得急需的貸款和重要訂貨。顯然自己的女眷是不宜為這種隱秘的目的服務的。

六、結　語

從以上的研討與分析，我們不難看出色情乃是人類史上一個爭議不斷的議題，為了幫助讀者能夠進一步的深思與反省，我們就以

美國兩大對立擂台的觀點與論述為結語，再提出我們從社會變遷觀點與立場的簡單批判。

首先，對於色情的爭議，美國有兩大對立擂台的論述如下：

1.文化保守派認為：

①性是屬於倫理學的範疇，因此，法律應該為道德而服務，也就是說，倫理道德是性事的好壞之最高社會判準。
②理想的或社會所接受或容忍的性，僅僅限於異性戀的性，發生在婚姻關係上，並且以生育子女為終極目標。
③色情會使文明沒落，並會導致全體人民的生活墮落。
④色情不是真正的言論，不應受到美國憲法第一修正案的保障。

2.民權自由論派主張：

①性是屬於美學的範疇，跟倫理道德毫無瓜葛，也就是說，性是屬於私人或私事領域而非公共領域，因此，不能用法律或公權力的道德準則去規範它。
②性關係不一定僅限於異性戀，同性戀亦可，更不必為生育子女而服務。
③色情有益於紓解性的自我壓抑；因此，色情是一種真正的言論，應該受到美國憲法第一修正案的保障。
④法律應該發揮像紅綠燈系統那樣的作用，讓每一個人都能夠享有私人性事的自由與性滿足。

對於這兩派的對立論述，我們假如改從社會變遷的立場與角度來看，剛好分別反應或反射出傳統農業社會與現代工業社會的性認知與色情認定：文化保守派的論述與主張，充分表現出倫理化或神聖化性禁忌的思想，進而以倫理道德為準則去看色情，當然會把色

情視為一種社會偏差與罪惡；相對地，民權自由論派的主張與論述，很顯然地，是屬於性解放與性開放的思想產物，當然也不再以倫理道德為依樣去看色情，性事既然是私人的自由，也就不會有色情問題的存在。

　　綜合以上有關色情的分析與論述，我們可以大膽地肯定，色情問題是一種社會共契性或共識性的道德批判，而當社會連帶形式與社會共同生活方式與內涵有了重大改變時，社會共識性道德也會發生巨變，因此，我們就不能再用傳統老花眼鏡去批判色情，應該改從新社會的新社會善與新社會期待，重新去界定或認定什麼是色情。讓色情能夠以新風貌或新形式，隨著社會的變遷，永遠存在於社會所要求的「灰色地帶」──特定行業的特定區。換言之，不是如何去撲滅或滅絕色情的問題，而應該是如何去安置它的問題：在不影響社會大眾的安寧生活，也不污染未成年人的心靈之原則下，讓色情愛好者也能夠在「灰色地帶」享有自生自滅與自甘墮落的社會權利！因此我們認為，色情問題本該不是問題，如果說是個問題，那也只是一種管理藝術的問題而已！

注　釋

❶高羅佩（R. H. Van GULIK）原著，《中國房內考》（*Sexual Life in Ancient China*），李零等譯（台北：桂冠），民國八〇年。

第四篇

情色藝術論

什麼是藝術？這是一個爭論不休的主題，至今尚無大家所共同接受的定義，如今又加上了「情色」的概念，使得什麼是情色藝術（erotica）的定義或界定，更是難上加難！尤有甚者，情色的基礎概念和焦點意識，也是建立在「性」的認知基礎上，因此，自從情色藝術出道以來，立刻跟「色情」對上了，兩者的爭論不斷，我們將在下一篇，進行非常深入的追蹤探討、比較與反省：隨伴著人類社會對於「性」觀念的改變，情色藝術與色情發生了何種辯證關係？

第15章　情色藝術的操作性定義或界定

　　法國實證主義社會學家涂爾幹說，社會科學研究者對於所要研討或研究的對象主題或現象，必先提出一個操作性定義（operational definition）或界定，否則，就無法有效收集正確資料，也無法跟同類科學園區的其他研究者溝通。基於此一認知與理由，儘管情色藝術甚難加以定義或界定，我們也想進行兩項工作：其一，列述典型或代表性的觀點與論述；其二，提出我們自己的描述性操作性定義。

藝術界的典型或代表性觀點與論述

　　也許大家都知道難以定義，所以在藝術界裡，只有零星或散在的觀點與論述，茲選擇一些代表性的論述如下：

一、李長俊

　　藝術家李長俊曾經發表過〈藝術與色情〉一文，雖然沒有直接使用情色藝術的詞句，不過在他看來，所謂情色藝術應該是指含有色情成分的藝術❶。依照這一篇文章的原意，假如我們沒有瞭解錯的話，應該可以做如下的論述：僅止於言情而無色的成分，則為言情小說；只有色的呈顯而無言情的成分，則純屬色情；雖有色的成分，也只是為了呈顯情的內涵，則為情色藝術。

二、露西・斯密地

露西・斯密地（Lucie-Smity）對於西方情色藝術發展史，有非常深入的研究，在他的一本巨著 *Sexuality in Western Art* 裡，他提出如下的獨特見解：所謂「情慾主義」（eroticism），不僅僅是一個想像的問題，而是將藝術家自己帶入他的主觀世界（subject-matter）中，並且在其透過不同人物關係的塑造與各種特殊的形式細節予以完成的。假如我們瞭解正確又能掌握其蘊涵的深義，似乎可以把它詮釋成：藝術家雖然透過各種人物與特殊形式在仔細地描寫「性」關係，卻是以「旁觀者」的身分在加以批判，再經過其本身超越實在與豐富的想像力，藉以創造出藝術家本身的美感世界：主觀性快感所昇華過後的無私愛慾或美感❷。

三、路斯

路斯（Adolf Loos）曾經在一九○八年發表過 Ornament and Crime 這篇文章，對所謂情色藝術的看法，提出最爲誇張的觀點。就範圍而言，他認爲「所有藝術都是情色藝術」。譬如，最原始的藝術家在銼磨作品於石壁時，就像是情慾的創造。他甚至指出，十字架的橫劃其實是代表平躺的女性，而垂線則是代表男性，全是情慾的衝動展現。這一種過份誇張的看法，基本上，在上古「性」自由放任的時代，當然說得過去，然而，一旦進入了禁慾主義的社會時代，情慾雖然是藝術創作的最主要營養食糧，然而卻不是唯一的，況且在性禁忌的社會機制之運作下，藝術創作者的情慾表現，不但多元化而且必須經過高度想像力的提升或昇華，使其作品能夠擺脫色情的糾葛。所以我們並不贊成這種誇大其辭的概化觀❸。

四、廖炳惠

廖炳惠在〈色情文學：歷史回顧〉一文中認為，所謂色情文學得以區分為下列兩大類型：其一曰暴力色情（pornography）；其二曰唯美色情（erotica）。一般所謂情色藝術應該是指後者而言。顧名思義，所謂暴力色情乃指刻意誇張並濫用性的誘惑力，藉以達到侵犯、侮辱、強暴或醜化另一個身體為目的。相對地，唯美色情文學，則是把性器官視為身體與另一個身體達到圓滿溝通與解放的媒介，職是之故，雖然對於做愛與愛撫有著鉅細靡遺的描繪，然而卻始終保持身體的美妙與神秘，而且往往在色情之中透露出某種意義❹。

我們社會學的操作性定義

任何以人體為對象，直接以「性原慾」為焦點意識和主題，表面上，雖然以最露骨的方式或形式在展現性慾力，實質上，卻以旁觀者的批判立場與觀點，積極地在建構創作者的「主體想像世界」（subject-imaginational-matter），藉以傳達或表現性原慾被昇華或轉化後的「無私與自在目的」之愛慾或美感，皆可稱之為情色藝術或裸體藝術（本書將以同義詞併用）。茲簡單說明如下：

1. 任何情色藝術，必然是一種身體藝術，也就是說，一定是以人的肉體為創作對象，用文字描寫則屬情色文學，如以雕刻或繪畫或舞蹈等方式表現，則屬狹義的裸體藝術。
2. 任何情色藝術，皆以「性」為焦點意識和主題，以性原慾作為創作靈感的泉源和起點。

3. 任何情色藝術的創作者，自始至終都要處於旁觀者與批判者的地位，絕對嚴防落入參與者的角色，否則，很容易使作品呈現出色情的色彩和味道。

4. 任何情色藝術對於「性」本身的描繪或顯露，只是一種藝術形象的技術性工具或過程之表達，並非創作本身的目的或價值。因此，對於這種技術性工具或過程的表達，如果拿捏得體，就能夠引導觀看者或欣賞者去體會昇華後的愛慾，而展現或實踐了真正情色藝術的終極價值：美感的展現。相反地，假如拿捏不當或是有意的過份誇張或是無意的過份描繪，都很容易令觀看者或欣賞者掉落想入非非或胡思亂想的境界，而使作品本身也蒙上走火入魔的色情陰影：快感的再現。

5. 任何情色藝術的創作，不管是透過象徵或隱喻的方式，必然有創作者所想呈顯或傳達的無私美感，尤其是性昇華後的愛慾，沉澱在創作者的主體想像世界裡。否則，即使不是一部色情作品，也必然不是一部好的或有價值的情色藝術創作。

注　釋

❶李長俊著，〈藝術與色情〉，《雄獅美術》一一〇期，一九九一年
　四月，頁一〇四～一一一。

❷Lucie-Smith. E., *Sexuality in Western Art*, Thames and Hudson,
　1992。

❸Neret. G., *Erotic Art*, Benedikt Taschen, 1993, p.9

❹廖炳惠著，〈色情文學：歷史回顧〉，《聯合文學》7：11，一九
　九一年，頁一五〇～一五二。

第16章 情色藝術的主要類型

　　很明顯地，對於藝術的分類必然涉及到對於藝術的觀念與定義，因此，對於藝術的不同思考模式與概念，就會導出差異性的分類形式與內涵。不過，最為眾人所接受並廣為流行的分類法，乃是以「感官」做為分類判準或標準❶。人類對於藝術作品的審美經驗，莫不以眼睛、耳朵、皮膚等為第一接觸，經由感官的第一線感覺，人們才能從作品中獲得創作者所提供的諸多訊息，進而轉化為主題世界所潛存或隱喻的美感。因此，「感官」就成為藝術分類的最佳標準。我們可以舉出典型的分類代表如下：

情色藝術的分類

一、傑賢的分類

　　傑賢（Th. Eiehen）將其區分為客觀藝術、言語藝術兩類。茲分述如下：

　　1.客觀藝術：客觀藝術分為：

　　　①視覺的：如繪畫、雕塑。
　　　②共感的：如舞蹈。
　　　③聽覺的：如音樂。

2.言語藝術：如文學。

二、蘭吉的分類

蘭吉（K. Lange）是一位藝術史學家，從藝術起源的遊戲觀或論，提出如下有趣的分類：

1.聽覺的遊戲（acoustic sense-game）：音樂。
2.視覺的遊戲（optic sense-game）：裝飾。
3.運動的遊戲（motion play）：舞蹈。
4.戲劇化的遊戲（dramatic play）：戲劇。
5.看圖畫畫（looking at picture books）：繪畫。
6.玩洋娃娃（playing with dolls）：造形藝術。
7.建設性的遊戲（constructive play）：建築。
8.講故事（story telling）：詠史詩。

綜合這兩人的分類而仍然以「感官」為判準，則似乎可以合併為如下的分類：

1.視覺藝術：繪畫、設計或造型藝術、版畫、影像藝術等。
2.聽覺藝術：音樂。
3.想像感覺藝術：文學。
4.共感藝術（包括視、聽、看與想）：戲劇、電影、舞蹈、雕塑等。

情色藝術既然以附著於人體的「性或情」為創作主題與對象，我們也可以用「感官」為判準或標準，提出如下的分類：

1.視覺的裸體藝術：包括繪畫與雕塑。
2.想像感覺的裸體藝術：情色文學或小說。

3.共感的裸體藝術：裸體舞蹈、裸體電影、人體彩畫。

情色藝術分類之說明

對於情色藝術之分類，附帶下列兩點說明：

1.分類只是爲了研究與瞭解的方便而已，所以並不表示各類型
  之間毫無相干。
2.以「感官」爲判準，所有的「裸露」必然是色情，然而，裸
  露的身體或肉體，經由藝術創作者的解構到重構，才以裸體
  或赤裸的方式或形象而轉化爲情色藝術。

最後，有關裸露、裸體與赤裸的差異，後面將有交代。

注　釋

❶朱狄著，《當代西方美學》（台北：谷風）。

第17章 情色藝術的理論依據或基礎

在西方藝術史的發展過程中，身體藝術不但起源得非常早，而且可以說是一種主流與核心的傳統，由希臘與羅馬所遺留下來大量的裸體雕塑與繪畫得以佐證。這種裸體藝術的傳統，到了中古封建社會的時代，由於基督教神聖化性禁忌的緣故，可以說有逐漸凋零的趨勢。不過，隨伴著文藝復興運動的出現，以及其他諸多社會運動，尤其是性解放運動的結果，傳統的人體或裸露的人體藝術，又再度活躍了起來，同時，也擴大了創造或創作的領域。而被世人稱之為情色藝術。

這種人體或身體藝術，或情色藝術，到底有什麼理論依據？我們整理出以下的幾種觀點與論述，提供讀者參考。

對人體概念的釐清

首先我們認為，情色藝術的創作，既然以人體為對象與性為主題意識，那麼，有關人體的某些特殊概念，就得事先釐清，否則，一定很難瞭解或會誤解情色藝術創作理論的內涵。

在情色藝術的創作世界中，所謂人體包括了下列四大面向：(1)身體；(2)裸露；(3)裸體；(4)赤裸。茲簡單扼要地解說如下：

一、身體

法國實證主義社會學家涂爾幹說：「社會雖然是個人所創造

的，但是，就個人而言，社會乃先個人而存在。」因此，人在出生時，雖然是個赤裸裸的自然肉體，但是經由社會化的過程，很快地就穿上了兩件衣服：一件肉眼看不見的內化道德衣，把性原慾包裝起來，另一件肉眼看得見的外加衣物，藉以掩蓋赤裸裸的肉體。所以，在日常生活世界中所謂身體，就是指個人的肉體，因為它穿上了內外兩套衣物，情色藝術的創作者，必先把它們全部脫光而成為裸露，才能成為創作的真正對象。

二、裸露

任何一個社會人，自動地脫去了內外兩件衣物，在性禁忌社會裡，很明顯地，就變成公領域的性偏差或色情的裸露，相對地，在性開放社會裡，則成為私領域的個人裸露；譬如從事於下海的色情行業者，或是在路上裸奔者的裸露，都屬於這一類型，一點都不具有情色藝術的意義或意涵。相反地，當裸露的模特兒出現之剎那，情色藝術的創作者，能夠把來自性原慾的快感，經由其豐富的想像力，立刻抽離肉體而昇華或轉化為愛慾的美感，並進行觀念世界的身體或肉體解構，以便重建主體想像世界中的裸體，藉以傳達或表現唯美主義的愛慾，因此我們可以確定，像模特兒或人體彩繪的裸露，在在都象徵著極高的藝術味道與涵義。

三、裸體

身體脫去了內外衣之後，一方面性原慾被昇華或轉化為愛慾的美感，另一方面，肉體又被觀念化的解構之後，情色藝術創作者，再以其主體想像世界為架構，重建出最高理想形式的人體，即謂之裸體：非實體，而是一種象徵式與觀念化的理想形式組合體。

四、赤裸

　　過去歐洲社會在宗教與政治意識形態之影響下，情色藝術創作者所重建的裸體，雖然脫去了身體的內外衣物，以及擺脫了裸露的肉慾與性原慾，然而，往往還穿上「國王的新衣」；帶有強烈的傳說、神話、圖騰或意識形態等等色彩。所以，不穿國王新衣的裸體，就稱爲赤裸。

　　綜合看起來，要想創造具有高度審美價值的情色藝術之作品，創作者必先打破或戰勝下列三大挑戰：

1. **個人性慾主義的衝動**：任何情色藝術的創作者，首先必須戰勝自我性慾的內在衝動，就此觀點而言，在情色藝術的創造過程中，自始至終，創作者必須堅守著觀看者或局外人的第三或中立立場，絕對不能變成參與者或局中人的角色，否則，就很容易變質爲色情作品。

2. **社會道德主義的約束**：情色藝術的創作者，唯有能夠擺脫道德主義的社會價值判斷與制約，才能創造高品質的藝術作品。就此意義而言，情色藝術所扮演的負功能，正是柏拉圖所謂「傷風敗俗」的典型，相反地，就其社會正功能而言，更是馬庫色所謂「感性革命」的代理人。

3. **任何意識形態的糾纏**：情色藝術的創作者必須排除所有傳說、神話、圖騰或意識形態等等，否則，在無意識或潛意識中，創作者很容易爲重建的裸體穿上國王的新衣，而成爲美中不足的作品。

裸體藝術論

顧名思義，所謂人體或身體藝術乃是以人體或裸露的人體爲創作對象的活動，起源於希臘和羅馬時代。依照史料的記載，這個時期的藝術仍然附著哲學，而哲學藝術論所關懷的焦點意識與主題是：什麼是構成「美」的要件？哲學家從人體自身的觀察與審美經驗之累積，認爲構成「美」的要件或要素有：對稱、均勻與完整。後來在基督教思想的影響下，新柏拉圖主義者又添加了另一要素或要件，那便是亮麗。這種傳統的審美觀，可以說完全展顯在希臘與羅馬的裸體雕塑與繪畫上。

除此之外，希臘人與羅馬人對於「性」所抱持的放縱觀念與實踐，對於裸露的人體藝術之發達，當然也有決定性的影響與作用。

一、泰那

藝術哲學大師泰那（H. A. Taire）在其名著《藝術哲學》書中，就用巨大的篇幅去描述人體如何在環境的滋育下展現其特色：❶

> ……在他們（希臘人）的眼中，理想的人物不是善於思索的頭腦，或者感覺敏銳的心靈，而是血統好、發育好、比例勻稱、身手矯捷、擅長各種運動的裸體。
>
> ……希臘雕像的形式不僅完美，而且能充分表達藝術家的思想：這一點尤其難得。希臘人認為肉體自有肉體的莊嚴，不像現代人只想把肉體隸屬於頭腦。呼吸有力的胸脯、虎背熊腰的軀幹、幫助身體飛縱的結實的腿彎，他們都感到興趣。

泰那最後以結論的語氣說：西方傳統下理想的人體觀念及其完美理想形式，皆來自希臘和羅馬的人體藝術。

二、克拉卡

克拉卡（K. Clark）在一九五三年出版《裸體——一個完美形式的研究》一書，可以說是一部不朽的裸體經典之作。開門見山，他就區別了裸體（the nude）與裸露（the naked）的差別❷。

> 裸露是褪去衣衫，並且感到窘態或窘境。裸體則無不適的感覺。裸體指的是平衡、豐沛而自信的身體——一個被重建的身體（the body re-formed）。
>
> 在此區別下，裸體不僅是藝術的題材，更是藝術的形式——裸體是一種理想形式（an ideal form）的展現。藝術家以人體為創作對象，經過其豐富的想像力與審美能力，把人體幻化或轉化成各式各樣的藝術理想形式，藉以表現出藝術家心靈世界中人體的最完美與最理想形式。所以裸體藝術可以被解讀成：重建人體之最高理想形式美。因此他說：「裸像由於調和幾種相對的形勢，獲得了持久的價值。裸像選擇了最肉感的，最能立即吸引人的東西——人體，使自己不受時間所限，不為慾望所役；裸像選擇了人類知識範疇中，最純粹理性化的概念——數學秩序，使得自己能取悅人的感官；裸像選擇了人類對不可知者的一些模糊恐懼感，卻又柔化了這些恐懼感，告訴人類說神祇和人一樣，我們應當信仰祂們創造生命的美，而非祂們帶來死亡的權威。」❸

依照人體被重建的最高理想形式美所表現或表達的內涵，克氏把裸體藝術區分為以下八大類型：

圖四　Michelangelo.　　　圖五　Sansovino. *Apollo*
　　　Apollo-David

(一)阿波羅型

　　所謂情色藝術或裸體藝術,基本上是以現實世界的人體為對象,經由藝術家的解構與重構,再以最高理想形式之美而表現或傳達某種訊息。然而,在早期希臘的作品中,卻有不少作品以天界諸神為其創作對象。女神以維納斯(Venus)、男神以阿波羅(Apollo)為典型代表。經由男性裸體之形式美,表達出人類最高貴的理性、睿知、理念、道德等思想。譬如「執槍者」(Michelangelo)的《阿波羅大衛像》(*Apollo-David*)(圖四),以及Sansovino的《阿波羅》(*Apollo*)(圖五)等。

圖六　Aphrodite of Melos.
　　　Venus

圖七　Botticelli. *Brith of Venus*

㈡維納斯Ⅰ型

　　維納斯是天界的美麗女神，以理想化的造型和最完美的比例形式，表現出女性最高貴的氣質；如端莊、慈悲、智慧、寬宏、謙虛等美德。如米羅（Melos）的《維納斯》（*Venus*）（圖六），以及波第切利（Botticelli）的《維納斯的誕生》（*Brith of Venus*）（圖七）。

圖八　Titian. *Venus*　　　　圖九　Ingres. *Venus Anadyomene*

(三)維納斯Ⅱ型

　　Venus Ⅱ型以表現女性嫵媚的曲線特徵爲主，象徵生命之泉源與生育的象徵，即愛與美的具體顯現。如提第安（Titian）的《維納斯》（圖八），以及恩格斯（Ingres）的《維納斯》（圖九）。

圖十一　Degas. *Woman Drying Her Back*

圖十　Michelangelo. *Victory*

㈣力壯型

　　力壯型（energy）取材於現世生活世界的人物，透過肌肉健美、豐富表情、以及動態力感的形式表現，藉以傳達人類用其堅定的意志力戰勝命運與克服環境的喜悅與充實感。如 Michelangelo 的《勝利》（*Victory*）（圖十）及 Degas 的《擦背女》（*Woman Drying Her Back*）（圖十一）。

圖十三　Rodin. *Three Shades*

圖十二　Masaccio. *The Expulsion*

㈤悲劇型

悲劇型（pathos）將現實生活世界的無奈、悲痛或傷感，忠實地給予揭露，以示人生眞諦者。如 Masaccio 的《放逐》（*The Expulsion*）（圖十二），及 Rodin 的《三位悲傷者》（*Three Shades*）（圖十三）。

㈥陶醉型

陶醉型（ecstasy）裸體所要表現或傳達的訊息，是一個常人失去了理智或意志力之後，隨著原慾或情緒的發洩，所做出來的種種歡喜、跳躍與舞姿等等。如 Pollaiuolo 的《裸舞》（*Dancing Nudes*）（圖十四）及 Matisse 的《舞蹈》（*Dance*）（圖十五）。

圖十四　Pollaiuolo. *Dancing Nudes*

圖十五　Matisse. *Dance*

圖十六　Cranach. *Venus*　　　　　　圖十七　Cézanne. *Nude*

㈦另類潮流

　　另類潮流（alternative convention）係指哥德式藝術家所發展出來的新理想之人體形式。即將肉體視為原罪、屈辱與羞恥的象徵對象。如Cranach的《維納斯》（圖十六）及Cézanne的《裸體》（*Nude*）（圖十七）等。

圖十八　Matisse. *Blue Nude*

㈧自在目的型

　　自在目的型係指現代
美術家，以裸體為題材，
重新塑造自己，來與上帝
所創造的人相匹敵。這種
裸體像的特色經常以變
形、抽象等手法或風格來
表現，如 Matisse 的《藍
色裸女》（*Blue Nude*）
（圖十八），又如 Picasso
的《雅維儂姑娘》（*Les
Demoiselles d'Avignon*）
（圖十九）等。

圖十九　Picasso. *Les Demoiselles d'Avignon*

像這種「人體之最高理想形式論」，單就人體畫的藝術審美與欣賞而言，其完美的理想形式應該是：線條、色彩與塊面等基本數理組合所重建的人體之形式美。這種理想形式所表達或表現的人體美，在希臘與羅馬的性放縱時期，為藝術而藝術的創作，當然很美而且為世人所崇拜。然而不幸的是，當基督教神聖化性禁忌出現之後，裸體藝術的創作就開始與色情產生糾葛與爭執。在神聖化性禁忌的社會中，裸體藝術既然不能為藝術而藝術，則克氏所挑起的二元爭議：「裸體對裸露，藝術對色情」，已經不再是純粹審美的價值判斷，而是審美價值與社會道德判斷所衍生的弔詭：一個沒有中介的肉體之可能性（The possibility of an unmediated physical body）。所幸這個困擾著歐洲中古封建社會的「藝術審美價值與社會道德判斷」之弔詭，隨伴著近代人文主義的抬頭與現代女性主義的性解放與性開放運動的結果，人體藝術的創作與表現，才又逐漸擺脫社會道德的色情糾葛，而成為現代主義藝術的主流或核心思想之一，尤其表現在所謂情色文學的領域。雖然如此，就文藝社會學的觀點而言，文藝既然是社會生活世界的反射，任何文藝思潮的改變，必然是一個「新思潮的挑戰與舊思潮的抗拒」之過程，尤其令人最感到驚訝的是，舊思潮在節節敗退的最無奈時刻，總會出現迴光返照的現象，藝術與色情的糾葛和爭執，正好凸顯了這種挑戰與抗拒的特徵，我們將在後面進行深入的追蹤分析與解析。

三、林達‧妮爾

林達‧妮爾（Lynda Nead）於一九九二年出版了《女性裸體——藝術、猥褻與性》一書，針對上述克拉卡所無法擺脫的色情糾葛，提出其個人相當獨特的女性裸體論：❹

1.任何裸體在形式上是否能夠取得美感的勝利，完全取決於它

是否能夠有效控制潛在或潛存的危險——性驅力的情慾力量的浮現與否？如果能夠有效壓抑這種危險的浮現，則為裸體藝術，反之，則流變為色情。這個觀點正與佛洛伊德的性壓抑與昇華觀相吻合。

2. 妮氏特別指出，克氏所論述的所謂裸體，其實是專指女性裸體，而觀賞者也僅限於男性，也就是說，克氏的所謂裸體是男性眼光下的女性裸體。因此，即使女性裸體的建構本身，在形式上已經有效控制了性驅力浮現的危險，由於臭男人本身的有色眼光，也會產生流變而成為色情。最典型的例子，莫過於今日台灣社會的情形：擁有性權力的臭男人，長期在父權體制之陰影下，莫不以有色眼光在看女人，正足以說明情色藝術難以立足的原因。相對地，非男人眼光下的真正女性裸體，則結合了抽象與形象（abstraction and figuration）於一身，使得它們的文化與象徵意義產生煉金術般的藝術力量（the alchemic powers of art），所以不會跟社會道德判斷的色情產生任何糾葛。

3. 從裸露到裸體是從現實內涵到理想形式的轉換或轉化過程，也就是說，從非結構化與肉體的實在，經由抽象化與觀念化的解構，再朝向統一與嚴謹的理想形式之重構過程，進而達到藝術的規則化經濟（the regulated economy of art）之境界。

4. 裸露與裸體表示了肉身與心靈的二元對立狀態，這種對立又可延伸到文化與自然、理性與感性、主觀與客觀等等的對立。

5. 裸體是一種表徵或表象的理論（a theory of representation），相對地，裸露則在表徵體系之外遊蕩，而成為解剖學與生理學的殘餘（an unmediated residum of anatomy and physiology）。

很明顯地，妮氏是從佛洛伊德的性壓抑與昇華觀出發，立刻轉入女性主義在否定父權體制的論述，把裸體藝術之創作與審美，完全獨立於社會日常生活世界的道德判斷之外，當然得以擺脫色情的糾葛。現在我們再列述另一位藝術社會學家的論述，其立場與觀點剛好完全相反，以供讀者參考。

四、約翰·柏哲

約翰·柏哲（John Berger）改從歷史發展的社會文化立場與觀點去看裸體藝術與色情的糾葛問題。他發現並強調：當裸體被規範化與形式化的文化意義所占領時，裸露反而能突顯其積極的一面❺。爲何會如此呢？其看法是：

在人類歷史的發展上，男人與女人的社會顯相（social presence）是建立在「看與被看」的互動模式上：男人行動而女人出現；男人專心在看女人，女人則只是在留意自己如何被看，一向就不直接看自己。換言之，女人生長在被指定與宰制的空間中，而男人的角色便是自由地照看（keeping）。這種男女兩性的傳統文化構成，很明顯地說明或解釋了一件歷史事實：爲什麼裸體藝術的創作絕大部分都以女性胴體爲對象的原因。

約翰·柏哲把問題焦點與意識完全集中在女人身上的「看與如何看」的議題上。他說：❻

男人在對待（treating）女人之前，先檢視（survey）她們。因此，譬如女人如何出現在男人面前，可以決定她將如何被對待。爲了在此過程中獲得一些控制，女人容納它並加以內化（interionize）。女人自我中屬於檢視者的部分，處置了屬於被檢視者（女人自身）的部分，以便顯示她的整個自我如何樂於被對待著。這種對自我的模範式之對待（exemplary treatment）構

成了她的模樣。

順著這種特殊歷史與社會文化的男女兩性構成與實踐，他提出與眾截然不同的裸體藝術論述如下：

1. 傳統以聖經爲題材的油畫中，亞當與夏娃「發現」自己赤體露身的故事顯示：赤裸的觀念來自「看」的人之心中，彼此在看的過程中，獲得對象是赤裸的感覺。而且，男人成爲上帝看管的代行人，女人則變成男人的附庸。

2. 在故事的圖畫中，一方面，彼此以對方爲「觀者」或「看的人」而一度成爲赤裸者，另一方面，則因觀賞者看著他們，彼此二度又成爲赤裸者。他們彼此間的羞恥感，遠不及他們與觀賞者之間的羞恥感來得大。

3. 任何裸體畫從未眞正赤裸著，相對地，它必然是某種形式的穿著：披著肉眼看不見的典故、神話、傳說、表徵或幾何等等形式外衣。如果說裸體是爲了展示，赤裸則爲了自我，或曰爲了呈現自身。

4. 在性愛的裸體畫中，男主角並非畫中的男人，而是擁有觀賞權利與擁有畫的男人，這一點可以從女人「關愛的眼神」暗示出畫中人物與觀賞者的三角關係。

5. 裸體畫的一個重要元素正是「鏡子」：它使「看的人」或「觀賞者」得以僞裝起來，進而減輕或逃避自己的罪責，相對地，它使女人因此而虛榮。

6. 裸體畫中的另一個重要元素是「評判」：它顯示裸體畫中的女體正專注著畫框外的觀賞者，她正在期待並屈從於你的讚賞。

7. 裸體畫是高度個人主義的產物，它一直處於矛盾與弔詭的狀態中：一方面是由藝術家與贊助者所組成的人群，另一方面則是被當成事物（things）或抽象對象處置（treated）的女

人。

8.「平凡」（banality）是裸體畫的另一個重大元素，它的出現可
以使人感知是否赤裸，它使人處於現實的情狀。這個現實保
證了人們所熟悉的性機制（mechanism of sex），同時又提供了
分享的性主體（the shared subjectivity of sex）的可能性。

9.總而言之，整體不對等的文化架構是：在大部分都是男性畫
家與觀賞者的文藝生態之結構下，建構了女人意識，女人也
以男人對待她們的方式去看待自己：一方面是作為對象的女
人，另一方面則作為觀賞者的「假男人」。

其實上述約翰·柏哲對於裸體藝術的論述與獨特觀點，正好反
應出現代女性主義所痛批的父權體制與傳統「女人味」文化，在基
督教神聖化性禁忌的社會機制下，經由裸體藝術與色情的不斷糾葛
與纏鬥結果所沉澱下來的灰色人體藝術：社會期待與社會善所能容
忍的裸露。換言之，當裸體藝術被神聖化性禁忌文化所規範化與形
式化之後，裸露就開始借屍返魂，披著藝術理想形式的外衣，呈現
或表達出社會生活世界的深層共同情感：性的返璞歸真。

傳統美學看裸體藝術

在本小節裡，我們企圖從幾位傳統美學家的主要觀點與論述，
綜合出裸體藝術在傳統美學所占的可能地位或位置。

一、柏拉圖系統的美學

依照柏氏意念主義的先驗論述，宇宙乃分別由三個世界所組
成：先驗的意念世界為第一性，後驗的感性世界為第二性，摹倣的

藝術世界為第三性。這三個世界的對應關係是：獨立永恆的意念或理性世界是一切存在形式的根源，由它的純粹形式或觀念投射出感官知覺所看到的感性現實或實體世界，所以後者是前者的影子世界，而藝術家則又摹倣現實世界去創造所謂藝術世界。所以才被稱之為「影子的影子世界」。由此可見，柏拉圖系統（Platonic system）的美學是建立在：意念對實體、理想對現實、心靈對肉體、形式對內容等二元對立與區辯上。

藝術世界既然是「影子的影子世界」，基本上，文藝既非真理，亦非真實或實在，又是傷風敗俗，所以是不能見容於理想國。不過，在感官或感性現實世界裡，我們如果想知道藝術家所創造的「美」，是否接近或偏離先驗意念世界的最高形式之美，就應該從藝術世界接觸到的個別美形體關係中，經過我們理性的運作，從個別畫面去統合整理出形式或觀念或概念，最後再透過對於該形式的體驗而做出審美價值的判斷：藝術世界所創造的美，是否接近或偏離先驗意念世界的最高形式之美。

換言之，藝術創作或創造雖然是屬於感性與想像力的範疇，相對地，審美判斷則是屬於理性判斷力的範疇。這裡凸顯出柏氏對於傳統美學相當獨特的看法：先驗意念世界的最高形式之美，乃是所有「影子的影子世界」所創造的美之唯一根源與終極保障，我們必須透過理性判斷力始能認知，所以被稱為理性唯美主義。

二、笛卡兒理性主義的影響

在歐洲理性主義的演變與發展上，笛卡兒（Descartes）的地位可以說是非常重要。就情色藝術或裸體藝術而言，雖然沒有直接的論述，不過，由於歷史機緣與其理性主義的獨特論述，間接地對裸體藝術產生了極大影響。

他傳承了希臘二元對立的哲學思想，認為物質世界與精神世界

是對立並存的，存在唯有靠思維才能證成，所以他說：我思故我存。思維就是一種理性活動與判斷。然而，理性又依附於人的身體或肉體，因此，後者往往成爲理性思考的盲點（obscurity and confusion）之根源。所以，笛氏理性主義的焦點意識與主題就變成：在精神與肉體之間，如何運用知識與理性去實踐或體現自我心靈的全超越（the complete transcendence of mind），進而去超越身體或肉體所可能產生的盲點❼。

我們之所以會說是一種歷史機緣，那是指從希臘時代開始到歐洲中世紀，自然世界一直被視爲女性，扮演著母親的偉大角色。而在笛氏的時代，剛好由於科學主義的抬頭，笛氏就把知識與理性歸爲男性，賦予高等的創造力與理性心靈過程，相對地，則把女性界定爲被動的角色，意味著生物學上的生殖機制之意義。其結果，傳統美學的形式與內容之對立，就分別被扣接上男性與女性的概念，而轉化爲：心靈與精神是超越身體與物質的，知識與理性——男性——唯一能賦予身體意義與秩序的方法。換言之，男性藝術創作者是透過藝術技巧與風格或形象的置放（imposition），使裸露的女性肉體轉化爲裸體的美感。

佛洛伊德的潛意識理論

佛氏的潛意識理論問世以來，對於人文與社會科學的影響，可以說既深且巨，文學與美學當然也不例外。以下我們所要闡述或介紹的內容，並非其潛意識理論本身的觀點與論述，而是我們主觀瞭悟與選擇的二度重建之論述❽。

依照佛氏的看法，所有人類的藝術或文藝成果都跟性本能有關，也就是說，性原慾才是所有文藝創作的原動力。所謂文藝作品，只不過是性原慾被壓抑情結的不同形式或不同程度的再現。如

果想瞭解佛氏的這種怪調，我們就必須從他的「性壓抑的昇華」著手。

他認爲人天生必然帶有「性原慾」，它的本能需求目的，譬如最初與最原始所表現的所謂「伊底帕斯情結」──兒子親母反父或女兒愛父反母的感情，又必然違反社會原則，爲了社會和平共存與維護秩序，所以在社會化過程中，性原慾就必然要受到社會規範、道德、倫理、與價值等等的限制與宰制，只能在社會原則或超我所能容忍與接受範圍內，去發洩並求得滿足。這正是他所謂「性壓抑的昇華」。很明顯地，在性壓抑的昇華之社會機制下，人們的性行爲與其所獲得的性滿足，都已經不是性原慾及其本能需求目的所渴求的，所以被稱爲「代用行爲與代用滿足」。也正因爲如此，所有的人都是伊底帕斯：心底深處都承載著性被壓抑的情結，這正是他所謂的潛意識情結。他說：「在伊底帕斯王的故事裡，是可以找到我們的心聲的：他的命運之所以會感動我們，是因爲我們自己的命運也是同樣的可憐──因爲我們在尚未出生以前，神諭就已將最毒的咒語加諸於我們的一生了。」❾

一般人在接受社會化的性壓抑之昇華後，皆以理性的潛意識與自我，有效地控制或約束本我的性原慾衝動或潛意識情結，而在超我的容忍與社會原則之指導下，去追求體現或實踐性的代用行爲與代用滿足：已經不是性原慾的行爲，也不在滿足性本能需求的目的。

藝術家之所以爲藝術家，在於能夠擺脫或跨越社會化性壓抑的昇華假象，重新返回到人類最純眞與最自然的性原慾之大本營，以性原慾做爲文藝創作的起點、對象與基礎。如果我們把文藝創作套在佛氏的潛意識理論上來加以說明，則成爲如下的過程或程序：

1. 文藝創作者必先自我擺脫或跨越社會化性壓抑的昇華假象與禁錮或枷鎖；排除社會的性意識與個人的性意識。也就是

說，情色藝術的創作者，必先脫去社會化所編織而成的道德內衣。

2.從潛意識情結的內涵與伊底帕斯情結的形式，重新找回被壓抑的性原慾之真面目。

3.以性原慾的動力及其本能需求目的為文藝創作的動力、起點與基礎，俗稱「文藝創作的靈感」。

4.文藝創作者再以其獨特與豐富的情感，從人文生活世界中，去探索或挖掘社會生活世界所沉澱下來的時代特殊共感情感，做為文藝創作的素材與內涵。

5.文藝創作者必須以其超人的想像力，把性原慾的物質性動力或衝動力，以及社會共同情感的素材與內涵，編織成或建構為立體想像世界，藉以轉化或昇華為「無私的與自在目的之性」的意象與美感，再以其自創的藝術形象或藝術風格表現出來，就成為一般所謂的情色藝術作品。

由此可見，在佛氏的眼裡，性原慾做為一種被壓抑的潛意識情結或伊底帕斯情結，正是所有一切文藝創作的原創力或原動力，一切文藝作品只不過是這類情感的差異性形式或不同程度之表現而已。譬如超現實主義的藝術家，以原本社會中最為禁忌的性為題材，高掛著潛意識的大旗，把世人看來最荒誕的內容，統統給予視覺化與文字化而表現出來。

超現實主義大師達里（Dali）的作品「建築性的米勒的晚鐘」，直截了當地展現出男女交合的模態，把人們內心所承受的伊底帕斯情結，用視覺的方式給予定著在作者的藝術形象或形式上。

也就是說，性或性原慾經由佛氏潛意識理論的漂白，業已完全正當化與合法化，藝術家們的創作也隨之而完全解放了。緊抱著佛氏的大腿，文藝作家的創作天空，就可無限擴展，並能抗拒權力介入的干擾，譬如象徵主義、達達主義等學派，正是典型的代表。基

於這種角度與觀點，馬庫色才會宣稱：情色藝術創作者都是性解放的先驅者。

傅柯的權力介入說

　　本世紀初以來，當大家正一頭栽進佛洛伊德的潛意識論去詮釋身體或裸體藝術與色情問題時，傅柯卻是從他特有的社會考古學立場與角度，提出了驚人的新論述「權力介入說」。他分別在一九七六年出版的《性意識史》與一九八四年出版的《快感的使用》（*The Use of Pleasure*）書中，以「性、權力與語言」三者的相互運作關係，論述真正在影響並作用於人類性活動者，並非潛意識而是權力❿。這種權力介入說，最能說明藝術被干預的「莫須有」理由，譬如藝術作品被扣上「傷風敗俗」而不能發表時，其運作中心絕對不是潛意識在作祟，而是道道地地的權力介入。很明顯地，這種權力介入藝術的先驅思想與其立論基礎，乃是來自柏拉圖的理性主義唯美觀：藝術世界第三性的藝術論。

　　他首先明白地指出，在東方許多古老的社會裡，譬如中國、日本與印度，都存在著一種所謂「性愛藝術」（erotic art），認為真理乃直接來自快感本身：真理是性愛經驗的累積或實踐結果。也就是說，性愛是立基於人類最自然的需要，雖然帶有秘密性，卻毫無道德或恥辱因素可言。經由秘傳與實踐經驗之累積過程中，人們得以體驗其間奧秘並悟出真理：包括對肉體的絕對掌握，極樂世界，超越時空的限制，獲得人生的精華，並且不畏死亡的威脅（an absolute mastery of the body, a singular bliss, obliviousness to time and limit, the elixir of life, the exile of death and its threats）。

　　緊接著他又指出，隨著所謂文明的進步與科學主義的出現，人類開始以「性科學」（scientia-sexualis）取代性愛藝術。有趣的是，

在科學主義與文明的掛帥下，性愛被套進「知識—權力」的模式運作內，性愛已經不再是經驗的或實踐的，而是變成在講述「性」的真相（telling the truth of sex）。換言之，以前人們是透過實際做愛的經驗，去體會或體驗「性」的真理或真相，相對地，性科學卻是透過「知識—權力」的模式運作，在說明或告解「性」的真相。由此可見，性本是附著於個人的身體，所以個人也就變成權力所壓制與宰制的對象。因此他非常感慨地說：「認為我們的社會以權壓性，而且是出於經濟的原由，這個假設似乎很不充分，如果我們必須注意初步研究揭示出的這一系列與性有關活動的增多與加強：與性有關的言說，而且是仔細地依照權力的要求製造與性有關的言說大量增多；異常的性活動被固定下來，形成了新的機制，這些機制不僅能將不同的性活動分離出來，並且能喚起不同的性慾，刺激它們，使其成為人們關注的中心，成為言說和享樂的中心；……使性擴散到事物與肉體表面，刺激它、表現它，讓它開口說話，將它引入現實，命令它講出真相；所以，大量言說、固執的權力以及知識與肉體享樂之間的糾纏反射出一片清晰可見的性慾之光。**⑪**」。

此外，他在第二本書裡詳述了快感的道德體驗，分別在本體論、義務論、苦行主義與目的論等所呈顯的內涵如表一。

表一

本體論	義務論	苦行主義	目的論
性慾與性行為（aphrodisia）	享用法（chresis）	控制（enkrateia）	節制（sophrosyne）
透過它人們可以在性行為之中掌握到「倫理實質」（ethical substance）	為了獲得道德上的保障（morally valorized），在快感的體驗之中，必須接納某種形式之屈從（subjection）	為了使自身成為倫理的主體（an ethical subject），人們應規範的態度	倫理主體的完滿界（fulfillment）

從上表中所展現快感的道德體驗之四種內涵，我們可以理解出：

1. 性做爲一種天生的衝動力，往往會有「過度」的傾向。
2. 快感的道德體驗必須宜地宜時：需求、合時與地位。
3. 控制能力的高低，顯示其支配權的大小。
4. 節制在於達到人的自由狀態。
5. 最後境界之完美，終究是權力的與男人的，因此，女性（身體）的天生無節制性與藝術的傳統道德加身，使得藝術作品一旦脫離權力範疇，則必然會遭受致命的打擊。

最後，他特別要世人注意，權力正如何透過它的「假慈悲」：讓性語言盡情地表述。權力再經由干預或介入而壯大自己。由於性語言與藝術的雜用、誤置與混淆，譬如把性產品稱之爲「藝術精品」，寫眞集稱爲「視覺藝術的心靈饗宴」，牛肉秀稱之爲「裸體藝術」等等，使得權力得以透過檢查制度與機關，名正言順地盡情去介入與干預。

馬庫色的愛慾論：非壓抑性昇華或反壓抑性昇華的論述⑫

做爲一位新馬克思主義者在論述情色藝術或裸體藝術、馬氏堪稱爲奇才之一：三合一理論的創新者。他把佛洛伊德的精神分析，馬克思主義的歷史唯物辯證觀，以及法蘭克福學派的社會批判三者給予相結合在一起，從人的性衝動之本能爲出發，經由徹底的文化批判與實踐，藉以重建人類未來新文明的理想。

在一九六一年他所出版《愛慾與文明》的序言中，直接針對佛洛伊德的「性壓抑的昇華觀」，提出一種跨越或超越的構思，他說：

我在本書中提出「一種非壓抑性昇華」的觀念：性衝動，在不失其愛慾能量時，將超越其直接的目標，而且通常還使個體與個體之間、個體與其環境之間的非愛慾甚至反愛慾關係化。相反地，也可以談論一種「壓抑性反昇華」：用減少和削弱愛慾能量的方式釋放性慾。……但它不是根據快樂原則重建這些領域和關係，恰恰相反，是現實原則的勢力範圍內擴大到了愛慾。把「性」系統地引進商業、政治和宣傳等領域，就是一個最有說服力的例證。

很明顯地，馬氏認為愛慾是一種非壓抑性昇華，也是「性」被社會化壓抑的昇華之解放，所以也可以視之為「壓抑性反昇華」，為人們所欲求或期盼的理想。相反地，所謂文明正是一種性壓抑的昇華，正是人類現在所承受的苦難與禁錮或枷鎖，為大家所不願意卻要面對的事實，譬如婚姻制度下的性生活，因此，對馬氏而言，問題的焦點與意識就變成：如何從現在文明的禁錮或枷鎖中，去建構非壓抑性昇華的愛慾，進而實踐無壓抑性新文明的理想？換言之，從現在文明的改造中，讓愛慾能夠擺脫色情文明的糾葛或禁錮，重返藝術世界而成為文藝創作的原動力。這是一個相當浩瀚的偉大社會工程：從工業文明過渡到愛慾新文明，從壓抑社會過渡到非壓抑社會，從死慾之擺脫到原慾與性慾的和諧或完滿之實踐。

就這個社會工程的實踐意義而言，目前或當下藝術家的創作或創造本身，正是建構這種愛慾新文明或新社會的啟蒙者與拓荒者：經由情色藝術家的創作，一方面消極地在鬆動或抗拒壓抑性文明的禁錮與枷鎖，另一方面則積極地在創新愛慾文明的新藍圖。肯定並讚揚藝術家的創作角色及其貢獻之後，馬氏就從三合一的理論立場與觀點，論述如何可能與如何實踐愛慾新文明社會如下：

一、非壓抑性文明的可能性論述

馬氏在接受佛氏的壓抑性昇華與潛意識理論之餘，立刻改由法蘭克福學派的社會批判立場指出：佛氏以為「不可能存在非壓抑性文明」是一種錯誤的認知。佛洛伊德認為，壓抑的根源在於人類的性原慾本身，也就是說，壓抑「性原慾」是合理的、必然的，因為性本能是一種「反社會性」：未受控制或壓抑的性本能是在追求一種文明所不能給予的滿足。馬氏則提出反對意見說，事實上，這種性本能的反社會性，並非其固有內在的本質，而是由外在條件所造成的，因此他認為，跟人類文明相衝突的所謂反社會性，只是性本能的某種或某些外在「扭曲的型態」而已。有關「性原慾」的反社會性是屬於佛氏所謂的本能性內在本質、抑或是馬氏所謂由外在條件所扭曲而成的？我們的立場與觀點不但傾向於馬氏的說法，而且可以肯定地說：固有或原有的性原慾，並沒有好壞、對錯、善惡、是非等道德問題，只是有了社會之後，在不同時空下，社會本身才會形塑出差異性的道德判準，強加在性原慾上，而成為馬氏所謂的「扭曲的型態」。

此外，馬氏又進一步指出，按照其原有內在本性，性本能有一種內在的「約束力與團結力」，前者指它不會毫無節制地去追求自身的滿足，它總不斷地加以自我限制，後者則指它在追求滿足時，不僅考慮到自身，而且還會顧及他人，擁有這兩種力量的性原慾稱之為「愛慾」，所以他說：

> 在愛慾本身中有著一種要是沒有外在的壓抑性的限制，就向文明方向發展的固有傾向。

馬氏特別聲稱，追回失去的時間成了未來解放的手段，所以，人類能夠透過「幻想」或「回憶」去重獲被壓抑的部分，這正是被

壓抑物的回歸，也是非壓抑性文明的創建或實踐。

其次，馬氏又指出，佛氏因爲未能在「本能的生物變遷」與「社會—歷史變遷」之間作出恰當的區隔，所以才會有上述錯誤的認知。爲了修正佛氏的錯誤並檢證馬氏本身的觀點，他創意了兩個關鍵性的概念，用來說明「社會—歷史變遷」的特定形式。分別是：

1. 額外壓抑：所謂現實原則乃是基本壓抑，是文明人類聯合下所不可或缺的社會控制。然而，當這種基本壓抑或控制過了頭，由特定統治機構產生的附加控制，對本能（對生命本能來說是超過）做必要的變更時稱之爲額外壓抑。
2. 操作原則：是指現實原則的現行歷史形式，是一種「特定的」現實原則，強調在此原則的統治下，社會根據其成員競爭性的經濟操作活動而被分成各個階層。

緊接著他運用這兩個特殊概念，套用馬克思主義的歷史辯證法，論述非壓抑文明的建構可能性。他認爲在額外壓抑與操作原則的運作下，人類壓抑文明發展的內在矛盾、路線與結局，正好構成所謂文明辯證法（dialectic of civilization）。經由這種文明辯證法的過程與結果，愛慾非但被利用，而且也受到了限制與宰制：性本能或性原慾被昇華爲所謂工作本能（work instinct）。然而，工作根本沒有什麼本能，又非「快樂原則」管轄範疇（性原慾才是），所以性被壓抑而昇華爲工作，其實是在「昇華」的掩飾下，做了「非性慾化」的工作，只是性慾的一種能量轉換而已。雖然如此，它仍然是以性慾爲基點，可以說是一種「非性慾化的愛慾」。

由此可見，在壓抑文明的文明辯證法過程中，性本能或愛慾並非被消滅或被革除，而仍然是潛存或潛藏在所謂潛意識中，一旦時機到來，也就是異化勞動降低之時，由於性慾本質上的破壞性與非社會性（反社會原則），會使一種「較高形式」的理性再度成爲社會—歷史變遷的主導者，建構出超越壓抑文明的現實原則，而帶著所

謂非壓抑性的現實原則：愛慾的快樂原則。

二、操作原則的文化英雄與非壓抑性的文化英雄

　　爲了凸顯壓抑性文明與非壓抑性文明的差異，他特別從希臘神話人物中，分別塑造了兩類典型的文化英雄如下：

1. **普羅米修斯**：普羅米修斯代表了操作原則的英雄原形，在壓抑性社會的文明辯證法過程中，經由「苦役、生產和壓抑」和矛盾路線，並沾沾自喜於所謂進步爲結局的文化英雄。
2. **奧菲尤斯（Orpheus）和拿西蘇斯（Narcisus）**：這兩個人則代表或象徵所謂非壓抑文明的文化英雄，完全跟普羅米修斯不同或相反：

> Orpheus與Narcisus代表著一種很不相同的現實。它們沒有成
> 爲西方世界的文化英雄。它們的形象是快樂和現實，它們的
> 聲音是歌唱而不是命令；它們的姿態是供給和接受；它們的
> 行爲是創造和平與廢除勞動；它們的解放是從使人與神、人
> 與自然結合起來的時間中的解放。**⑬**

三、從審美看非壓抑性文明的實踐

　　在比較過兩類文化英雄的差異性之後，馬氏改從藝術審美的立場與觀點，去論述吾人既能期待又能預見的愛慾世界之到來或實踐。

　　在希臘傳說的神話裡，奧菲尤斯乃是阿波羅的兒子，喜歡彈琴、愛好音樂，被稱爲音樂的始祖。拿西蘇斯則是一位自戀美貌者，終日流連於水邊，是一位道道地地的「顧影自憐」者，終究憔悴而化爲水仙。他之所以選擇這兩個人做爲非壓抑性文化英雄，那

是因為他認為：他們都象徵著一種對於現實的非壓抑性之愛慾態度。尤其把自戀引入精神分析，則標誌著本能理論發展的另一新轉折點：一個尚未區辨或分別自我與外部對象，未分化的與統一的原慾概念，取代了獨立的自我保存本能的假定。這種假定的深刻意義，就藝術審美的觀點而言，則可以延伸出如下的涵義：

> 自戀超出了所有非成熟的自發愛慾，它還表示一種與現實之間具有的根本關係，這是可以產生一個全面的生存秩序的關係。換言之，自戀可能包含著一種不同的現實原則的種子，就是說，自我的原慾的貫注可能成為客觀世界的一種新的原慾貫注的源泉，它使這個世界轉變成一種新的存在方式。⓮

總而言之，馬氏非常讚賞這兩人所象徵或代表的審美觀念與態度：超越壓抑性昇華的審美觀念與愛慾態度，所以他說：「有一種工作能提供高度的原慾滿足，從事這種工作是令人愉快的。藝術工作是真正的工作，它似乎產生於一種非壓抑性的本能叢，並且有一種非壓抑性的目標。」⓯就此立場與觀點，馬氏最後又把「感性革命」的偉大責任與角色，交付給藝術工作者，因為他認為藝術是實現審美原則的重要實踐。他說：「在審美形式中，藝術還表達了（雖然是模稜兩可地表達了）被壓抑的解放形象的回歸。藝術就是反抗。」⓰

注　釋

❶Taine. H. A.著，傅雷譯，《藝術哲學》（安徽：文藝出版社），一
　九九一年，頁八九～九三。

❷ Clark K., *The Nude*, N. Y. Doubleday & Campany, Inc., 1996, p.23.

❸同註❷，p.15。

❹Nead L., *The Female Nude-Art*, Obscenity and Sexuality, N.Y.
　Routledge, 1992, pp.13-15.

❺Berger J., *Ways of Seeing*, British Broadcasting C. L. Penguin Books,
　1973.

❻同❺，p.46。

❼朱光潛著，《西方美學史·上卷》（漢京出版），頁一六六。

❽高楠著，《藝術心理學》（瀋陽：遼寧人民出版社），一九八八
　年。

❾高宣揚著，《佛洛伊德主義》（台北：遠流），一九九三年

❿ Foucault M., *The History of Sexuality*, N. Y. Vintage Books.

⓫尚衡譯，《性意識史》（台北：桂冠），1994年，頁六四～六五。

⓬劉少杰著，《馬康色批判與重建》（台北：唐山）。

⓭Marcuses H.著，《愛慾與文明》（台北：南方），一九八八年。

⓮同註⓭，頁一五七。

⓯同註⓭，頁九一。

⓰同註⓭，頁一四〇。

第18章　建構情色藝術的社會學論述：
東方社會學的立場與觀點

　　以感官為判準，我們把情色藝術區分為下列三大主要類型：視覺的繪畫或雕塑、語言想像的情色文學，以及共感的裸露舞蹈或裸露電影等。而上一節所研討的是：視覺為範例的裸體藝術論。這些理論的主題與焦點意識，在於探討裸體藝術為何可能與如何可能的理論性問題，進而合理化與正當化裸體藝術的存在。現在我們就更進一步來研討另一個非常重要的主題：文藝創作者或創造者，如何才能建構唯美主義情色藝術之作品？或者說如何才能創造極富審美價值的情色藝術之作品？因為我們把藝術排放在實際日常生活世界裡來研討，所以我們稱它為建構情色藝術的社會學論述。換言之，我們要從社會學的立場與觀點，來研討文藝作家如何把日常生活世界的真實，反應在創作者的主體想像世界中，而建構出唯美主義美感或富有審美價值的情色藝術之作品。我們把它區分為兩大面向：

　　1.創作者所必備的主觀要件或條件。
　　2.建構情色藝術的過程及其內涵。

創作者所必備的主觀要件或條件

　　以下我們所要列舉的諸多條件或要件中，情色藝術的創作者或創造者，只要缺乏其中任何一項，我們似乎可以肯定地說：這樣根本無法創造出任何作品來，即使勉強創造出作品，也一定不是什麼

好的作品，或者說沒有什麼審美價值可言的作品。

一、個人獨特的情感

誠如大文豪托爾斯泰（Leo Tolstoy）所說：任何文藝的創作，必然是創作者個人情感與社會共同情感的反射與表現，因此，創作者必須具有其相當獨特的情感，一方面得以凸顯其創作風格的特性，另一方面，才能感受到他人所無法感受的社會特殊共同情感，而反射出其作品的特殊屬性❶。

二、對日常生活世界的深層觀察與體驗

在特定時空下的日常生活世界，就會沉澱出潛存或隱性的社會共同情感，它正是任何文藝創作所不可或缺的基礎要素，康定斯基（Kantinsky）所謂的藝術精神，正是指作品所反射或表現的社會共同情感。為了獲得這種潛性或隱性的社會共同情感，文藝創作者必須滲入日常生活世界中，經由長期深層觀察與體驗，才有可能用其個人獨特情感去感受到。否則，任何脫離現實生活或臆測的社會共同情感，只能創造出「無病呻吟」的作品。換言之，想要創作或創造好的或富有審美價值的作品，情色藝術創作者必須鑽進日常生活世界中，絕對不能自閉在象牙塔內。

三、豐富的想像力

任何一位文藝作家，假如缺乏豐富的想像力，也只能對社會事實與情感做一種描述或論述，或進行一種模擬再現的創造而已。相對地，透過豐富的想像力，創作者不但能夠超越現實世界，而且又能把社會共同情感轉化為創作的動力與靈感，進而構想或構思出其

獨特的主體想像世界。

四、主體想像世界的建構

文藝創作者以其深層觀察和體驗的現實社會世界爲基礎，透過其豐富的想像力去臆構出主體世界，藉以傳達或表現創作者所昇華或轉化的唯美主義情感或美感或愛慾。

五、個人獨特的藝術形象或風格

文藝創作者自己所擁有的表現技巧或表現方式稱之藝術形象，而藝術形象所展現出來的特徵或特質，稱之爲藝術風格。換言之，藝術創作者靠著其獨特的藝術形象，傳達或表現出其主體想像世界所潛存或隱喻的唯美情感或愛慾，而成爲其作品的特質或特性。

以上所研討的必備條件或要件，皆可普遍適用於一般任何性質的文藝創作，當然也包括所謂情色藝術的創作。不過，以下我們所要研討的主題：建構過程及其內涵，則僅僅適用於情色藝術的建構。

建構情色藝術的過程及其內涵

任何意圖建構情色藝術的人，必先具備上述不可或缺的條件或要件，而其建構的過程，又必然包括下列三大階段的不同內涵，否則，絕對無法創造或創作出高水準的情色藝術作品。

一、第一階段及其內涵

企圖建構情色藝術的作家，必先本著其個人獨特的情感，積極滲透到日常生活世界中，經由深層的觀察、參與、感受和體驗，去探索出該特定時空社會生活所沉澱下來的潛存或隱藏的社會共同情感。這正是康定斯基所謂時代的藝術精神，也是藝術作品所要反射或反應的時代背景與精神。當然，這裡所謂社會共同情感，並非單一或唯一，它也可能是二以上的多個，不過，只要抓到了具有特殊性的一個就行了。有了這種社會共同情感做為文藝創作的底盤與基石，該文藝作品才能引起社會大眾的共鳴與認同，因為社會大眾本身正是該社會共同情感的原創者，只是自己不會或無法察覺而已，所以，一旦經由文藝作家傳達或表現出來，他們就會油然感同身受，進而產生心有戚戚焉的讚嘆！相反地，任何遠離日常生活世界的臆測，或純粹象牙塔內的空思為基礎的情色藝術創作，必然無法獲得社會大眾的迴響與青睞。

雖然如此，有一種特殊的情形是：文藝創作者雖然掌握到該特定時空的社會共同情感或藝術的時代精神，然而，由於該文藝創作者的藝術形象或表現技巧本身，創意性過高或過於前衛，一時無法被同時代的人所接受，譬如印象派的命運，正是典型的例證。

如何去發覺社會共同情感，是一般文藝創作者的首要工作，或任何情色藝術的創作者當然也不例外。不過，就在進行這項不可或缺的工作之同時，後者又有其本身所要投入的艱巨任務：如何從人們的性觀念、性態度、性行為，以及性生活的實際面向中，去尋覓深具時代意義與社會文化價值的性意識與性主題，以便做為情色藝術的創作主題，譬如雨果（V. Hugo）在《鐘樓怪人》中的性主題：人面獸心的性。又如勞倫斯在《查泰萊夫人的情人》中的性主題：社會虛偽的愛所包裝的性。歌德在《少年維特的煩惱》中的性主

題：受肉慾所宰制的性。托爾斯泰在《復活》中的性主題：道德迷亂的性等等。

二、第二階段及其內涵

情色藝術的創作者或創造者，經過第一階段的預備工作之後：有了社會共同情感與性主題，必須運用其非常豐富的想像力，進行第二階段更爲艱巨的工作：

1. 要以社會共同情感做爲創作或創造的靈感或動力，建構出自己特有的「主體想像世界」。
2. 又要把第一階段所獲得的性主題，給予昇華或轉化爲唯美主義的愛慾或美感，譬如人面獸心的性，昇華或轉化爲鐘樓怪人的純愛；社會虛僞愛所包裝的性，昇華或轉化爲眞愛的性；受肉慾所宰制的性，昇華或轉化爲無肉慾的愛；道德迷亂的性，昇華或轉化爲基督徒的道德主義之眞愛等等。
3. 透過想像力把附著於人體或肉體的性完全給予抽離，並把裸露的人體或肉體給予解構，再配合上述「主體想像世界」與昇華或轉化的唯美主義愛慾或美感，重構出創作者觀念中的「裸體」：帶有唯美主義愛慾或美感的理想形式。

譬如性慾的快感與性愛的美感是截然不同，情色藝術的創作者，必須站在第三者的立場，並以冷靜旁觀者的心情，藉著並透過性慾的快感之描述，一方面，既能避免撩撥或誘發欣賞者或讀者的性慾或快感，另一方面，又能帶引他們進入創作者的主體想像世界中，去分享無私與自在目的性愛美感，我們就以下列作者的描述內容爲例，來凸顯我們的焦點意識。

(一)珍尼特・希伯雷・海登與B. G.羅森格

美國心理學家珍尼特・希伯雷・海登和B. G.羅森格在其所著《婦女心理學》一書中，對女性性高潮期的感受，有這樣的描述：

> 女性性慾高潮的開端，大多伴隨著一種瞬那間懸吊而飄然入世的情感。接下去她便強烈地感受到陰蒂部位滋生起一股暖流的波峰，漸漸地，漸漸地通過骨盆漫延全身。這階段在各部分的激烈變化中，她還隱約地涵攝著「墜落」和「敞開」軀體的感受，引起液體漏出。某些女性把高潮階段比作為輕度陣痛性的分娩。當一股溢血暖流從骨盆擴散到身體的其他部位時，性慾高潮以骨盆的悸動為特徵達抵頂峰。❷

很明顯地，這是屬於一種性慾的生理快感之描述。換言之，既沒有把身體解構，又沒有把性抽離，而直接在描述性慾與快感的作用，因此，不但毫無性愛的美感可言，又有刺激或撩撥讀者的性慾或快感之嫌。

(二)H.范・德・費爾德

費爾德在其所著的《理想的婚姻》中，也對女性性高潮期的感受作了如下描述：

> 由於性接觸的刺激過程所產生的緊張不斷積累，使我達到一種預期的緊張和興奮狀態。在我感覺到陰莖在陰道內的第一次痙攣收縮的一瞬間，我感到了最初的高潮，同時我丈夫的全身由於極度興奮而震顫。這令人銷魂的一刻是如此美妙，它不可能是由於更多的刺激所產生的，以至我無法抵禦這種興奮的力量。然而，我感覺到精液的迸發——它是一種完美的明顯的感覺——同時也產生一種極愉快的安慰感，使精神為之一爽。從以後

有節奏的射精運動中我仍可以獲得毫不遜色的快感和恩惠，而不至於過分緊張。這種由肌肉痙攣和精液提供的刺激是這樣完滿和諧，以至於我的快樂一直保持在最高潮，一直到我丈夫的高潮停止以後，我才非常緩慢地漸漸地平靜下來。❸

跟上述「性慾快感」的生理描述有所不同，很顯然地，這是屬於心理描述，從生理轉為內在心理感受的性慾快感之描述，雖然比較不會刺激或撩撥讀者的性慾快感，然而，仍然沒有把性慾昇華或轉化為愛慾的美感。

(三)勞倫斯

勞倫斯在其名著《查泰萊夫人的情人》一書中的〈雨中曲〉，有一段裸舞的精彩描述：

她把門打開，望著外面的滂沱大雨，像一張鋼幕似的。驀然間她產生了一個慾望，慾望著向這雨裡飛奔而去。她站了起來，急忙忙地脫掉了她的襪子，然後脫掉她的衣裳和內衣，他屏息望著她。她的尖尖的兩只乳房，隨著她一舉一動而顛擺著。在那蒼茫的光線裡，她是象牙色的。她穿上了她的橡膠鞋，發了一聲野性的痴笑，跑了出去，向著大雨挺著兩乳，展著兩臂，朦朧地在雨裡跳著她多年前在代斯德所學的諧和的舞蹈。那是個奇形的灰影，高著、低著、彎曲著，雨向她淋著，在她飽滿的臀上發著亮，她重新起舞著，小腹向前在雨中前進，重又彎身下去，因此只見她的臀和腰向他呈獻著，好像向他呈獻著一種臣服之禮，一個野性的禮拜。❹

勞氏在這一段的裸露描述，雖然也有生理的與心理的性慾或肉體描述，然而，非常明顯地，只是人體或肉體的解構過程而已，其實真正呈現在作者「主體想像世界」中的，正是由「大自然之美」

——滂沱大雨像一張鋼幕似的——與「人體美」——向著大雨挺著兩乳，展著兩臂，朦朧地在雨裡跳著……諧和的舞蹈——兩者所構成的「裸體」，以及透過它作者所要表現的「優美肉體與純潔心靈的統一與和諧」——只見她的臀和腰向他呈獻著，好像向他呈獻著一種臣服之禮，一個野性的禮拜。在這裡，人們在精神上或心靈上所感受到的愛慾美感，遠遠超過或壓倒了肉體的性慾快感。

三、第三階段及其內涵

最後，情色藝術的創作者，必須擁有其獨特的藝術形象或表現技巧或表現方式，透過裸體的繪畫或雕塑或描述，藉以傳達或表現出主體想像世界所潛存或隱藏的唯美主義愛慾或美感。

譬如情色文學所描寫的，雖然是現實世界的男歡女愛，甚至是赤裸裸的性愛，然而，透過人物的選擇與性格之塑造，文辭的選擇與語義的隱喻與暗示，地點、場域或背景的搭配，以及故事情節與內容的巧思等等，卻是能夠隨著故事的發展，逐漸遠離或淡化現實世界的實在性，而凸顯出創作者的主體想像世界，並傳達或表現潛存或隱藏其中的審美訊息：唯美主義的愛慾或無私自在目的之美感。

同樣的情形，不管是裸體繪畫的創造者或是裸體雕塑的創作者，他們都本著上述必備要件，事先經過創作的重要過程，在腦海裡有了其主體想像世界，以及性主題被昇華或轉化後意圖傳達或表現的唯美主義愛慾或無私自在目的之美感，最後才按照自己所特有的藝術形象或表現技巧，一筆一畫或一刀一刀地，把重組或重建的裸體展現在觀看者的面前。就此觀點而言，裸體舞蹈創作者的主體想像世界，以及所要傳達或表現的唯美主義愛慾或無私自在目的之美感，必須經過裸露者的詮釋，始能傳達給觀看者。因此，當裸露者剛出現在舞台的刹那，必然會引起觀看者的性刺激與感官之快

感，不過，隨伴著燈光、佈景與音樂的變化與搭配，尤其是舞蹈者的姿態與動作之詮釋，就會逐漸把觀看者帶入創作者的主體想像世界，而感受到隱藏其中的愛慾或美感，這種現象與過程，就正如欣賞情色文學一樣，最先讀者所接觸的，正是現實世界的男歡女愛或赤裸裸的性愛描述，當然會引發一陣性刺激與感官之快感，然而，隨著故事的發展過程，創作者會透過人物、性格、情節或結構，以及語義的隱喻等等，逐漸把讀者帶入其主體想像世界，去感受創作者所意圖傳達或表現的愛慾或美感。

資料五

十七與十八世紀的性愛藝術與文學

十七世紀開始時，守舊主義者所表現的性之豐富，已經屈服於高度富麗的巴洛克風格。巴洛克藝術在天主教會的贊助下顯得很興盛，並且成為天主教教會的一部分力量，以反擊新教和現世的猛襲。因此，就較放蕩的表象而言，性愛藝術並沒有在這個時期顯得很興盛。然而，如果我們認為性愛不僅只是暴露而已，那麼，我們可以說，十七世紀產生了西方少數最偉大的性愛藝術畫家中的兩位：彼德·保羅·魯本斯（1577-1640），以及林布蘭（1606-1669）。魯本斯的強烈性愛成分，很明顯地出現在他肉感和官感的裸體畫之中。林布蘭是當代最偉大的藝術家，他在性方面的表現比較精巧：他有關性愛神話或聖經情景的裸體畫，是對於真實女人的描畫，很令人信服，並且在性愛方面更引人入勝。他以《蕾狄坎》（或《四柱床》）為人所知的蝕刻畫很是不平凡，因為此畫以坦誠而敏感的靈視描繪一對做愛中的情人。

藝術中較明顯的性愛成分，在十八世紀很有斬獲。性的寬容使得高品質的藝術家能夠專心於性愛的題材，而不感覺恐懼或為難。在這些藝術家之中，金·安東尼·華陶（1684-1721）是最有才賦的。他的一些「華美歡宴」圖，描畫出當代的男女穿著精緻的服飾，在一個充滿古代裝飾品的想望和夢幻世界中讚美愛情。金·荷諾·佛拉哥納（1732-1806）以俏皮的手法使用古典的主題：他的性愛題材充滿動態、機智以及驚

奇。佛蘭西斯·波卻（1703-1770）的作品，是三位藝術家之中性的表現最為明顯的，而他對於神話人物的利用，顯然是意在開發其充分的性愛潛力。還有無數次要的「華美」藝術家畫出了大量性愛圖，包括一些蝕刻畫，以實例證明興盛的性文學。在十八世紀結束時，已經出現了過多的淫蕩圖畫，所以狄德羅（Diderot）感慨地寫道：「我想我已經看夠了奶頭和屁股。」

在英國，十八世紀前半期有一位重要藝術家威廉·霍加茲（1697-1764）。他的作品時常觸及性的題材，但其手法相當嚴苛（如在《妓女的前進》一圖中）。他的一對畫作《之前》和《之後》，所表現的精神較為圓熟。湯瑪斯·羅蘭德遜（1756-1827）甚至更明顯地以諷刺的方式描繪當代人的性愛弱點和怪行。

十七世紀的偉大法國戲劇家——高乃伊、莫里哀和拉辛——探討愛情的各種層面，時常使用古典的主題。事實上，幾乎每一位嚴肅的作家，都以某一種方式觸及愛情與性愛關係。十八世紀的風貌，也被充分地呈現在一些涉及性主題的文學形式中。涉及賣淫的文學作品，傑出的例子有狄福的《好色的摩兒·佛蘭德絲的幸與不幸》（1732），以及約翰·克利南的《一位風塵女人的回憶錄》（1749）（通常以《芬妮·希爾》）為人所知）。摩爾·佛蘭德絲是機智妓女的典型，她歷經滄桑（「十二年為妓，五次為人妻……十二年為竊賊」），最後安頓下來，過著正直和成功的生活。對於芬妮·希爾而言，愛情是至上的，她在遭遇各種苦難之後，終於享有了快樂的婚姻。兩部作品都提供了有關「罪惡之愚蠢」的教訓，同時又舉出有關「罪惡之愉悅」的明顯例子。

另一種十八世紀的文學形式是性愛的自傳。其典型的作品是吉阿科摩·吉歐凡尼·卡薩諾瓦·德·色恩加特（1725-1798）的《我一生的歷史》（或《回憶錄》）。卡薩諾瓦是一位威尼斯的冒險家，他在經歷一生的旅遊和情愛韻事之後，退隱到一位傑出朋友的城堡之中，從事寫作和研究。他的回憶錄被認為是重要的歷史文獻。

資料來源：陳蒼多譯，《性與文化》，頁一三五～一三六。

注　釋

❶陳秉璋著，《藝術社會學》（台北：巨流）。

❷轉引自黃永林著《中西通俗小說比較研究》一書（台北：文津），
　頁二四三。

❸同❷，頁二四三。

❹同❷，頁二四四。

第五篇 色情與情色藝術的糾葛及爭議

正如我們在〈色情篇〉所述，色情原本是不存在的觀念或概念，它是禁慾主義性禁忌的副產品：在性禁忌的社會機制下，凡是性正當化與性合法化之外的任何性觀念、性態度、性行為與性關係，皆屬於所謂色情的範疇。有趣的是，起源於古希臘文明的情色藝術，不但以人體為對象，而且以性原慾作為藝術創作的焦點意識與主題，雖然早就奠定了其鞏固的藝術根基。然而，當基督教神聖化性禁忌思想成為主流或主導社會思潮之後，很明顯地，情色藝術的創作，就其創作對象（肉體）與焦點意識和主題（性原慾）而言，跟基督教的性原罪論，立刻成為水火不能相容的局面。尤有進者，在歐洲中古封建社會裡，由於政教合一或以教領政的原因，性權力高舉著神聖化性禁忌的旗幟，毫不留情地把情色藝術打入色情的魔坑。其結果是：在漫長的歐洲中古封建時代，所謂情色藝術，早已銷聲匿跡，為世人所遺忘矣！

　　不過，隨著文藝復興運動，尤其是性解放運動的結果，禁慾主義性禁忌的社會機制及其性制度，已經逐漸由鬆動而趨於解體，代之而起的乃是現代化性開放思想。因此，情色藝術的創作，乃以挑戰的姿態，重登藝術的殿堂，直接向保守主義的性權力宣戰。也正因為如此，從情色藝術重現江湖以來，色情與藝術的糾葛與爭議，可謂不絕於耳矣！尤其是當情色藝術伴隨西風入侵中國社會時，面對中國倫理化性禁忌的社會機制與性制度，兩者所產生的曖昧、糾葛與爭議，更是匪夷所思！

第19章　色情與情色藝術的糾葛簡史

　　既然色情觀念是禁慾主義性禁忌的副產品，假如我們想真正瞭解色情與情色藝術的爭議內涵，進而提出有效解決之道，則必先追蹤分析，在人類歷史演化過程中，兩者到底處於何種緊張關係？影響並作用於這種緊張關係的主要元素或因素為何？隨著社會變遷與歷史演化，這些相關元素或因素又有什麼變化或消長？

性放縱主義與情色藝術的自由創作時代

　　就最廣義的情色藝術而言，在性自由主義時代，所有在傳達或表現生殖（器）崇拜的藝術創作或作品，包括視覺的壁畫與雕塑、聽覺的音樂、想像感覺的詠詩或傳統神話、共感的舞蹈等等，皆屬於情色藝術的範疇，因為這些作品都是以人體為對象，並以性原慾為創造的焦點意識與主題。不過，依照我們上述的情色藝術之狹義定義，這個時期所產生的情色藝術，並不在我們研討的範圍內，因為這些原始情色藝術都屬於所謂模擬再現的作品，一方面藝術創作者，並沒有把人體給予「解構」，再用自己的藝術形象去「再構」，另一方面，也沒有運用自己的想像力，去把性原慾昇華或轉化為無私與自在目的之唯美主義愛慾。

　　就我們狹義的情色藝術而觀，人類最早出現的情色藝術，應該是古希臘時代的裸體藝術，我們已經在前面有非常仔細的介紹，茲不再重述。針對色情與情色藝術的糾葛與爭議問題，我們所要特別指出並強調的是：因為那是一個性放縱的時代，既沒有「性權力」

也沒有「社會的色情輿論」會介入或干擾情色藝術的創作與審美，所以，也就只有作品本身是否成功的問題，而尚無社會外判為色情的危機或糾葛問題。

神聖化性禁忌與情色藝術的銷聲匿跡

如上所述，基督教禁慾主義性禁忌的思想與文化，宰制了整個漫長的歐洲中古封建社會，在基督教性原罪論與政教合一的性權力之宰制與干擾下，任何情色藝術的創造或創作，很明顯地，當然無法見容於世，即使一般的藝術創作，也都要傳達或表現一個嚴肅的主題：榮耀或光耀上帝。

性解放的社會實踐：情色藝術與色情的糾葛

色情與情色藝術的糾葛，自從文藝復興運動之後，在人文本位主義思想的影響與作用下，文藝創作的自由呼聲日益高漲，尤其隨伴著後來的性解放運動，所謂情色藝術的自由創作，更是日益增多，儼然構成一股「挑戰」的社會趨力。然而，在任何社會變遷的過程中，由於既得利益與保守主義色彩的緣故，政治權力結構則又成為另一股「抗拒」的社會阻力，性權力對於情色藝術的介入與干擾，正是最為典型的例子，因而造成色情與情色藝術的糾葛與爭議不斷。

性開放社會的君臨——色情與情色藝術的分家

經過漫長的性解放與性開放運動之後，原先被禁慾主義性禁忌排放在「公領域的性」，已經逐漸被視爲「私領域」，其結果是：一方面，性權力逐漸退出情色藝術的審美活動，完全交由文藝作家自行評定，另一方面，民間社會也越來越能夠接受或欣賞色情，不再視色情爲傷風敗俗，因而促成色情與情色藝術的分道揚鑣！

除了傳統「裸體藝術」的繪畫與雕塑之外，目前在現實生活世界裡，出現了許多樣式的所謂現代「裸露藝術」，最主要包括：人體彩繪、電子花車的裸露秀、牛肉場的裸露秀、裸體舞蹈、裸體電影、Ａ片及所謂藝術寫眞集等等。如此多彩多姿的所謂現代裸露藝術，其本身是否具有藝術的特性或特質？抑或因爲深恐被扣上色情的大帽子，所以就自己先冠上藝術的美名？這是一個非常值得深思與明辨的課題。

第20章　色情與情色藝術的內外在因素及其糾葛與爭議

　　對於在自然狀態下求生存的人類而言，與生俱來的性，完全屬於自然的與中性的觀念範疇。然而，人類一旦進入社會生活之後，「性」就被穿上了道德的內外衣，而變成人為的社會觀念，帶有極強烈道德與價值判斷的色彩，因而延伸出原本不存在的色情觀念。情色藝術的創作，既然以人體為對象，又以性為靈感動力，因此，始終無法擺脫社會道德主義的批判與色情的糾葛。

構成情色藝術或色情的內在要素

　　依照我們所提出的狹義定義，情色藝術的主要構成要件有二：

1.藝術創作者或創造者必秉持其獨特而豐富的想像力，把附著於肉體的性或性原慾抽離，再給予昇華或轉化為唯美主義的愛慾：無私與自在目的之美感。
2.裸露的身體必須經過解構後，再配合或依照創造者的想像主體世界重新給予建構為裸體，藉以傳達或表現唯美主義的愛慾。

　　相對地，我們也來看看構成「色情」的要件是什麼？依照我們在〈色情篇〉所下的定義，構成色情的要件有二：

1.以撩撥或激發觀賞者的性慾衝動或性感為手段。

2.以賺錢爲其終極目的。

干擾或介入色情與情色藝術的糾葛與爭議之外在因素

　　任何一種情色藝術的創作或創造，除了上述所謂內部結構性的「自在因素」──裸露的解構、重構的裸體、性的昇華或轉化爲愛慾或自在美感、主體想像世界的構思等等，會直接影響並決定作品本身的藝術性與審美價值之外，尚有我們所謂「外在因素」會影響並作用於色情與情色藝術的糾葛與爭議，進而決定該情色藝術之命運：能見容於社會，則冠之以藝術的美名，反之，則扣上色情的罪名。

　　我們從歐美社會以及中國大陸和台灣社會的藝術史，深入去追蹤探討這個主題，意外地發現這些「外在因素」又可區分爲兩組：

　　1.社會文化的間接影響因素。
　　2.性權力與性知識的直接決定因素。

一、社會文化的間接影響因素

　　當我們深入追蹤研討並解析這個糾葛與爭議時，意外地發現，其實人們用來檢視或判定的理由與論證之背後，往往隱藏或潛存著許多我們稱爲「二元對立的社會文化思想」，間接地或無意識地在影響人們對於色情與情色藝術的檢視與判決。我們可以整理出下列各組，以供讀者參考：❶

　　1.神秘主義對科學主義：人類社會的演化或演進，很明顯地，

乃是從神秘主義進入科學主義。就本質而言，這兩種文化思想不但完全不同，而且可以說是對立的。再就藝術或情色藝術的創作或創造而觀，顯然地，它是屬於神秘主義的範疇，因為科學主義所強調的是驗證，藝術是屬於審美的判斷。因此，在色情與情色藝術的糾葛與爭議上，就社會文化背景而觀，當神秘主義思想強過或壓倒科學主義思想，那麼，情色藝術的存在空間，就必然大增，譬如古希臘社會的性放縱主義思想。反之，則被判為色情的可能性與可能率就增強或增大，這正是今日台灣社會的情形。

2. 個人創作自由主義對社會控制道德主義：從事於藝術創作的人，其所信奉的必然是創作自由主義。相對地，為了社會和平共存的需要，任何時代的任何社會，又必然強調社會控制的道德主義。這兩者又是矛盾與對立的。因此，在色情與情色藝術的糾葛與爭議之實質內容或內涵上，尊重或重視個人創作自由主義的勢力，如果比強調社會控制道德主義的力量來得大，那麼，情色藝術被社會所能接受或容忍的可能性與機率性也就會增強。反之，會被扣上色情的罪名之機率與可能性亦必然增大。

3. 現代開放主義對傳統保守主義：傳統社會的保守主義所重視與強調的是穩定與秩序；相對地，現代社會的開放主義所嚮往的是創意或創新與進步。依照人類歷史演化的過程來看，這兩種社會文化思想剛好形成一種「挑戰與抗拒」的社會緊張。同時，情色藝術的創作或創造，剛好反射出現代開放主義的特色與表徵，成為一種非常明顯的創意與挑戰，因而必然會引發傳統保守主義思想的抗拒與排斥，動不動就以色情的罪名來打壓情色藝術的創作。

4. **現代多元價值體系對傳統單元價值體系**：傳統農業社會所形
成的社會價值體系是屬於所謂單元主義：社會共識或共契所
促成的一套既存社會價值體系之外，絕對不能容忍或接受任
何其他創意性或創新性價值的挑戰或存在。相對地，人類社
會在邁向現代化的過程中，追求創意性或創新性多元價值的
意圖與嚮往，正是現代性的特徵之一，尤其在藝術創作或創
造方面，更是如此。也正因爲如此之故，情色藝術作爲創意
性或創新性審美價值的建構與追求，很容易遭受到來自傳統
主義審美價值觀的抗拒與排斥，而被冠上色情的大罪名，其
實它是完全無罪的。

5. **個人獨立意識對社會集體意識**：社會學家告訴我們，人類社
會的演化過程，乃是由社會集體意識的優先，逐漸轉化爲個
人獨立意識的優勢。而藝術家的創作內驅力，往往是來自個
人獨立意識，不但與社會集體意識無關，而且往往會有強烈
的批判性，尤其是情色藝術的創作，更是如此。因此，很容
易遭受強調或重視社會集體意識者的攻擊與排斥，而扣上色
情的罪名。

以上所述皆屬於所謂間接會有影響作用的外在因素，以下我們
所要繼續研討的，正是直接決定或判定的外在因素。

二、性權力與性知識的直接決定因素

直接決定或判定的外在因素，主要是包括性權力與性知識兩大
要素。茲以圖二十簡單說明如下：

圖二十中，橫實線代表藝術與色情所構成的線，越是向右邊，
越代表被判爲藝術的可能性與機率性越大，相反地，越是向左邊，
則被判爲色情的可能性與機率性越大。任何剛出現的情色藝術作

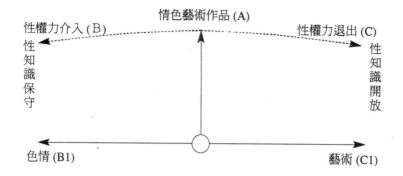

情色藝術作品 (A)

性權力介入 (B)　　　　　　　　　　　　性權力退出 (C)

性知識保守　　　　　　　　　　　　　　性知識開放

色情 (B1)　　　　　　　　　　　　　　藝術 (C1)

圖二十　判定藝術作品爲色情或藝術的外在因素

品，必然是被排放在中間，經由性權力爲與社會性知識所構成輿論
的干擾與介入，才會向左或右移動。正中間向上的實線箭頭，代表
任何一種情色藝術作品的問世或出現，以（A）代表之。就歷史時
間與社會空間而言，（A）可能遇到的情形有二：

1. 該時代與該社會的性知識是屬於開放取向，因此，性權力也
   就必然甚少介入藝術作品的審美活動，譬如今日歐美的社
   會，以（C）代表之。所以，情色藝術之作品，在性知識開放
   與性權力退出或不干擾下，就比較有可能性與較大機率性被
   判定爲藝術（C1），如同圖表上往右邊的虛線箭頭所示。

2. 相反地，（A）可能出現或遇上性知識保守與性權力介入審美
   活動的時代與社會，以（B）代表之，譬如過去蔣介石時代的
   台灣社會。因此，情色藝術之作品，在性知識保守與性權力
   的強力介入與干擾下，就有很大可能性與較大的機率性被判
   定爲色情，以（B1）代表之，如同圖上往左邊的虛線箭頭所
   示。如今台灣社會雖然在外來「性開放」的洗禮下，一般年
   輕人的性觀念、性態度與性行爲，雖然已經相當開放，不過
   一般社會大眾的性知識與性權力擁有者，則仍然相當保守。

綜合來看，所謂「外在因素」並不是在判定情色藝術的作品本身，是否為藝術抑或色情，相反地，在檢視情色藝術的作品，是否能夠被該時代與該社會的人所接受？如果能則加冕為藝術，否則，就扣上色情的大帽子而已，跟藝術作品的本質毫不相干。因此，我們敢肯定地說，任何以人體為對象和性為主題的情色藝術，必然很難見容於禁慾主義性禁忌的社會，同樣地，我們也可以反推：情色藝術被接受的容忍度與寬容度越大，該時代與該社會的性觀念與性知識，也必然越趨於開放！

注　釋

❶廖新田著，〈藝術與色情——台灣社會現象解碼〉，碩士論文，東
　吳社研所，民國八四年，頁二二一～二三五。

第21章 裸露與裸體的辯證關係：裸露的色情或情色藝術之定位

　　台灣自從創造經濟奇蹟以來，在酒足飯飽之餘，由於心靈生活的空虛，出現了各式各樣無奇不有的裸露現象，並且都冠上「藝術」的美名，譬如藝術寫眞集、藝術裸體舞、藝術脫衣秀、藝術電子花車秀、人體彩繪藝術等等，琳琅滿目，實在令人頭暈目眩！到底這些多彩多姿的裸露秀，應該被定位在色情抑或藝術的範疇？一直成爲國人爭論不休的議題與焦點。我們現在就從西方美學與東方社會學的觀點，以「裸露與裸體」的辯證關係，來透視這些裸露現象的性質，進而提出適當與合理的定位。

　　依照西方美學的看法，任何裸露——去掉遮蓋身體或肉體的東西而有不自然、不舒服或有點不好意思的感覺——必然是屬於色情的範疇。相對地，裸露被解構後，性或性原慾被抽離肉體並已被昇華或轉化爲一種無私和自在目的之愛慾或美感，藝術創作者才透過其主體想像世界所重構而成爲裸體。由此可見，裸體所要傳達或表現的資訊，並非性或性原慾的衝動與快感，而是唯美主義的愛慾與美感。因此，任何裸露現象，假如無法經由藝術創作者或藝術表演者給予昇華或轉化爲裸體，則必然屬於色情的範疇，而永遠無法登入藝術的神聖殿堂。同樣地，假如裸體藝術的創作者或表演者，由於藝術技巧或想像力不夠，也會把裸體的建構與詮釋，變成裸露的色情。這種裸露與裸體的內在反轉關係，我們稱它爲一種內在辯證關係。其實嚴格說起來，藝術與色情的辯證弔詭關係涉及到創造者、欣賞者與權力者的三角關係，相當的複雜，本書第23章中將有非常深入的分析與探討，請讀者細心地參閱該章；本章則單就應用

西方美學與東方社會學的觀點，來透視台灣各種裸露的社會現象。

人體彩繪的裸露

　　基本上，要想創造人體彩繪的藝術家，對於附著於人體的性或性原慾，都有其批判性的觀點與見解，並透過其獨特的想像力而給予昇華或轉化爲一種唯美主義愛慾，才會企圖透過人體彩繪，傳達或表現給大衆去欣賞或感受。很明顯地，當人體模特兒脫下所有遮蓋物而成爲裸露的刹那，必然會引起觀看者——包括藝術創作者本身——的性快感。單就此一時間與過程而言，人體彩繪是屬於色情的範疇。然而，正如康德（E. Kant）所言，所有的美感，皆立基於刹那的快感，所以，當藝術創造者見到了人體模特兒的裸露，在產生性快感的同時，立刻本著其性昇華或轉化後的愛慾，運用其唯妙唯巧的彩色畫筆，一筆一筆地畫在裸露的肉體上，一方面，藉著彩繪的形成，去解構人體的原形，使原本附著於肉體的性或性原慾逐漸消失，另一方面，也要透過彩繪裸體的建構，傳達或表現創作者所想像主體世界裡的愛慾。因此，我們可以肯定，人體彩繪本身是一種情色藝術。

　　同樣地，我們也可以從色情的立場與觀點來看，眞正從事於人體彩畫的藝術創造者，絕對不會有意圖去撩撥或誘發觀看者的性慾，因爲彩繪的每一筆都在解構裸露的肉體，進而使性或性原慾昇華或轉化爲愛慾。不但如此而已，眞正人體彩繪的藝術創造者，也不可能更不會以賺錢爲其終極目標。因此，我們有百分之百的理由相信，藝術家對於人體彩繪的創造，正是屬於所謂「爲藝術而藝術」。

電子花車或牛肉場秀的裸露

看過這兩種脫衣舞或秀的人都知道，那是一種道道地地的色情秀：以撩撥或誘發觀看者的性慾並滿足其感官快感爲手段，借以達到或體現賺錢爲最終目的。因此，不管是音樂、燈光、佈景、背景以及裸露的動作與過程等等，莫不以能夠誘發觀看者的性慾爲最高指導原則。所以脫衣秀女主角唯一必備的條件是：豐滿又阿娜多姿的肉材，也就是說，直接以裸露的動作與過程，去誘發觀看者的性慾，並滿足其感官的快感，進而達到表演者的賺錢目的。

由此可見，電子花車或是牛肉場秀的裸露秀，從頭到尾只是赤露露的性誘惑，絲毫看不到所謂的昇華或轉化，更談不上有所謂創造者或創意者的「想像主體世界」，因此，我們可以肯定地說：它毫無藝術的本質可言，可以說是典型的色情。

裸體舞蹈

就如同人體彩繪一樣，當舞蹈者以半絲不掛的全裸，出現在觀眾面前的那一刹那，無可諱言的，那是道道地地的色情：必然會引發觀看者的性原慾與快感。雖然如此，假如這是一支高藝術水準的裸體舞蹈團，譬如一九六〇年代捷克布拉格的「Hair」（頭髮）裸體舞蹈團，在每一支舞蹈的結構或骨子裡，都隱藏或潛存著舞蹈創意者或編劇者的「主體想像世界」，以及性原慾被昇華或轉化後的唯美主義愛慾。

所以，透過舞台、燈光、色彩與佈景的搭配，隨著特殊音樂與

音律而起舞的每一個動作，每一個人的角色，以及全體交叉而成的動作模態與裸露的姿態，在在都在編織藝術創意者的「主體想像世界」，進而讓觀看者自己去感受隱藏在其中的愛慾與美感。

因此，隨伴著燈光的變化，音樂旋律的起伏，以及舞蹈節奏的快慢轉折，觀看者的剎那性刺激與快感，會立刻自行淡化而消失於無形，並且會在有意與無意之間，被帶去參與所謂主體想像世界的建構工程：觀看者會透過視覺與想像力，隨著裸體姿態與舞蹈動作的過程而進入創意者的主體想像世界。換言之，裸露的刺激所引發的性慾與快感，只會是曇花一現，裸體舞蹈所要傳達或表現給觀看者的是：永恆的、無私的與自在目的之唯美主義愛慾。

當然，像這種始於「裸露的快感」，是否能真正昇華或轉化為「裸體的美感」，完全取決於下列三大要素或元素：

1. 創作者或創意者的獨特想像力，真正能夠把性原慾昇華或轉化為唯美主義愛慾，並潛存於其主體想像世界中。
2. 舞蹈者的詮釋能力與舞蹈技巧或技術，能夠有效編織並顯現出該抽象化主體想像世界的圖象
3. 觀看者具有相當高水準的藝術審美能力與想像力，得以透過其視覺與想像力，去參與該抽象化主體想像世界的建構工程，進而去感受沉澱於其中的愛慾與美感。

假如上述這三種要素或元素缺一或缺二，就不可能是完美的藝術。當然，如果是三者全缺，那就必然是道道地地的色情。

A 片的裸露

很明顯地，A 片本身必然是色情，毫無藝術價值或性質可言，其理由是：⑴永遠看不到拍片者的主體想像世界與性原慾的昇華或

轉化；⑵誇大做愛的動作與聲音，藉以撩撥或誘發觀看者的性慾與快感；⑶以賺錢爲唯一目標或目的。

雖然如此，我們想提出下列兩件有關Ａ片的社會事實，來作更深一層的研討。

其一，台灣大學女生宿舍所發起「看Ａ片運動」。當這一群社會女精英發起該運動時，立刻受到保守份子的圍剿，反對者的理由很簡單：站在捍禦倫理化性禁忌的傳統道德之立場，Ａ片仍是傷風敗俗之物，一般人偷偷摸摸地看已屬不該，爲世人所不齒，身爲台灣最高學府的社會女精英，怎麼可以公開並公然地發起這種不倫不類的社會運動，罪孽！

經過明查暗訪的結果發現，她們之所以發起該運動，其實「醉翁之意不在酒」，眞正的目的並不是要大家來欣賞Ａ片，而是要利用這種不倫不類的運動，喚醒大家——尤其是女性——共同來反省或批判既存文化的歷史遺毒：父權體制對女性的壓迫以及對女性不平等與不平權的對待。透過既存文化的反省與批判，進而能夠掀起新女性主義爭取男女平等與平權的社會運動，那才是她們發起欣賞Ａ片的唯一眞正目的。

其二，Ａ片雖然是道道地地的純色情，然而，所謂色情，也只不過爲禁慾主義性禁忌的副產品，當傳統禁慾主義性禁忌被性解放運動打垮之後，人們進入了所謂性開放的時代，性不再是屬於「公領域」而在性權力的掌控下，相反地，「性」已經轉換爲「私領域」而擺脫了性權力的宰制，因而引發了如下的現實問題：老百姓是否有權利看Ａ片？我們就先來看看美國這個民主社會如何看待這個問題。

美國自由主義者站在維護人民言論自由的立場，認爲人民有看Ａ片的權利，同時，應受到美國憲法第一修正案的保護。美國公民自由聯盟（American Civil Liberty Union）的首位女性主席斯卓森（Nadine Strassen），在其巨著《爲色情辯護》一書裡，就明白地宣示

了這種立場與主張。同樣地，當代自由主義的重量級學者索羅芹（R. Dworkin），也曾經撰寫〈我們有觀看色情的權利嗎？〉（Do we have a right to pornography?）一文，他也非常直截了當地說，就算色情的確有害處，儘管是傷風敗俗，我們觀看色情的權利仍然是神聖不可侵犯的。❶

很明顯地，這兩位自由主義者對於色情的看法與主張，完全是站在憲法保障人民自由的立場與觀點：看 A 片是人民的自由，在憲法保護下，就成為政府所不能剝奪的公民權利。

相對地，美國的激進派女性主義者則認為，色情是男性對女性的宰制。同時，她們更是強烈質疑，自由主義者過份強調言論自由而忽視了性別平等，會使得色情越來越氾濫，其結果使得女性形象必然會被「性化」，因而在現實世界裡，由於女性成為性玩物的形象，使得女性的發言必然很難受到嚴肅的對待。換言之，色情業者的言論自由，反而剝奪了女性本身的言論自由。

人體寫真集的裸露

這是來自日本影藝界的創意，通常都會自己冠上「藝術寫真集」的雅號。不過，打從出道以來，社會大眾卻是都以色情來看待。其實，就構成情色藝術的內在因素或元素而觀，人體寫真集根本不可能具有任何藝術的性質或本質，我們的理由是：

1. 攝影者對於「裸露」的人體或肉體，並沒有事先透過其想像力而給予解構，再重新在其「主體想像世界」裡建構出「裸體」，相對地，只是直接以裸露為對象而拍照。
2. 原本附著於人體或肉體的性或性原慾，也沒有經過抽離而給予昇華或轉化為唯美主義的愛慾或美感。

基於上述這兩大理由，我們可以肯定人體寫真集本身絕對不具任何情色藝術的特質或性質。

　　因此，假如我們改從構成色情的內在因素或元素而觀，則又可以肯定它是道道地地的色情，理由是：

1. 裸露沒有被解構，性或性原慾也沒有被抽離，很容易誘起觀看者的性慾或快感。
2. 絕大部分的人體寫真集，都以賺錢為目的。

　　雖然如此，我們也要特別指出並聲明，當人體寫真集具有下列兩大特徵時，它本身雖然不具情色藝術的特質，但是就審美觀點而言，它已經不再是色情，而是帶有非常高的藝術價值：

1. 拍人體寫真集的動機與目的，並不是為了賺錢，譬如自己想留下美麗的回憶。
2. 透過背景、燈光、搭配及攝影師的特殊技術處理結果，一方面，得以減低或淡化裸露對於觀看者的性誘惑或刺激，另一方面，又能強化整體畫面的審美價值，因為攝影本身就是一種藝術。

注　釋

❶顧燕翎主編，《女性主義—理論與流派》（台北：女書文化），一九九六年，頁一五～一七。

第22章 從實際案例看色情與情色藝術的爭議內涵

　　以上所研討的色情與情色藝術之糾葛與爭議，只限於抽象化概念與理論性的論述。以下我們就以實際案例爲對象，把歷史事實的爭議焦點與內涵，詳細地展現在讀者的面前，藉著理論與實踐的對照與相映，得以幫助讀者對本主題會有更深一層的瞭解。因受限於篇幅的關係，我們僅以情色文學與裸體繪畫爲例介紹於下。

情色文學案例

　　英國大文豪勞倫斯的巨著《查泰萊夫人的情人》自從問世以後，不管在英國本土或是其他國度，一直爭議不斷，有時候被認爲是曠世文學巨作，然而，更多的時候又被判定爲傷風敗俗的色情。最精彩的一場爭辯，應該是發生在勞氏死後三十二年的倫敦法院。該年，英國著名的企鵝圖書公司，首次以完整版本印發該書，立刻引起倫敦首席檢察官的注意，而公開提出控訴，理由是「傾向於敗壞心智與腐化讀者心靈，違反了當時的最新出版法」。參與這場訴訟的專家與學者，多達三十五位，在中央刑事法庭，展開爲期一個星期的唇槍舌劍與智力交鋒。以下所引述的，正代表著不同立場與觀點，所提出的差異性論述與判斷。❶

一、《查泰萊夫人的情人》一案的交叉辯論

(一)檢方

檢方——倫敦中央刑事法庭首席檢察官葛里芬士‧瓊斯：

我願代表檢方強調下面這點：諸位在面對本案時，萬不可抱著過於矜持、高高在上或吹毛求疵等任何舊時代的態度；諸位應該用我們今日看事情的態度來看這件案子，然後，借一句德夫林法官的話：「諸位即須決定，我們能否容忍此書？」——也就是該書是否確實（或可能）傾向於敗壞心智、腐化人心，當你們讀完了全書，在一切它可能具有的優美之外，我深信諸位必能同意檢方的觀點：即該書確實傾向於在讀者心中勾起色情的念頭。……諸位閱讀該書時，當必深感其中除了一昧耽於性及感官享樂外，幾無餘物。

(二)辯方

辯方——迦丁納先生：

本書作者是一位強烈的婚姻支持者……很明顯的，作者在這整本書中是在指出：雜交無法為任何人帶來滿足；真正適當的性關係，只可能發生在兩個相愛的人之間，並且指向一種永恆的結合。他認為我們對心智付出的注意太多，而對肉體的注意太少。……解決之道唯在人類重獲正確的相互關係，尤其是男女之間的誠摯結合。身為一名嚴肅的道德主義者，他決然反對隨便的關係，缺乏愛的性、雜交的性；但是他強烈贊同建立在雙方永久關係上的，相戀男女之間的性愛，這在他的眼光中，純然是健康、衛生、正常並且值得鼓勵的。

㈢裘恩・班奈特太太

格頓學院院士暨劍橋大學英國文學講座裘恩・班奈特太太：
我想，勞倫斯所要表達的，和他的其他著作一樣，是在強調肉體生活的重要性和它之受到忽略，指出許多人實際上是過著一種貧乏、閹割的生活，因為他們只用半面自我去過日子。我對此書意義的看法，歸結起來就是如此。

㈣約翰・羅賓遜博士

烏爾維屈主教約翰・羅賓遜博士：
我認為勞倫斯試圖將此種關係刻劃成一如其本質的聖潔之事，猶如刻劃一次莊嚴的聖餐。對他而言，肉體正是至上精神的表徵。……書中某些關於自然的描寫，非常美麗而且纖細，烘托出他對整個有機世界的態度，其中他視性為最終的極致；我想沒有人會認為此種認定是淫穢的。

㈤法蘭西斯・伽米亞先生

亞蘭恩文法學校校長法蘭西斯・伽米亞先生：
我認為它是我所知道的唯一一本真正以嚴肅態度來處理人際之性關係的書，對於絕大多數對此問題感到興趣的年輕人而言，它能夠帶給他們一種對於性的誠懇、嚴肅的態度。

㈥羅伊・顏金斯先生

國會議員羅伊・顏金斯先生——「淫穢刊物出版法案」主要負責人：
我認為對照於他們時代而言，這本書具有異常重大的意義。勞倫斯是一個偶像破除者；他認為這個時代是侷促、不自然而且令人窒息的，人們對性的態度是虛偽的，金錢作為愛情的守護

神，把人際關係層層圍住；他對這些攻擊不遺餘力。

(七)詹姆士・海明博士

教育心理學者詹姆士・海明博士：

勞倫斯以其努力和苦心呈現給我們一幅基於溫柔和情感的兩性關係的畫面。基於此，《查泰萊夫人的情人》的內容正是一劑解藥，一劑對於今日盛行之膚淺、表面的性價值——它正在腐蝕年輕人對於性的態度——的良好解藥。

(八)肯隆・密佛德教堂執事

肯隆・密佛德教堂執事——《性的哲學》作者：

如果書中描繪的事在戲院中公開上演，就是猥褻的。但我認為這本書主要是給個人的，當然不是指在公開場合的朗誦。其次，在這本書中，我們並沒有被邀入作為其中一個，書中兩位主角的性行為是一種私人關係。當我們看到那件事或我們感到我們正在看那件事，我們就是被邀入其中，成為一個猥褻的參與者。而該書並不如此。一個小說家有權描敘事件的外在形式，以及內在思想和感受。可喜的是，勞倫斯的處理並未乖違常理，當他所描述的事件呈現在讀者面前者，它並沒有引起別人的猥褻感，所以我不認為它是猥褻的。

二、《查泰萊夫人的情人》一案之無罪終結

英國企鵝圖書公司以忠於原著的方式，完整呈現英國大文豪勞倫斯的巨著《查泰萊夫人的情人》一案，雖經過陪審團你來我往交叉辯論之後，全體一致決議「無罪」；然而很明顯的是，所謂的無罪是指出版者本身而言，而就該書本身的內涵觀之，則留下了不少曖昧不清的疑點如下：

1.該書是一部純情色藝術作品？

2.該書雖然是情色藝術作品，不過，帶有色情味道或色彩？

3.該書是一部純色情作品？

4.該書雖然是一部色情作品，但是尚未構成法律所禁止的猥褻之構成要件？

5.該書雖然相當淫穢，但尚未構成有罪的程度？

裸體繪畫的案例

裸體藝術，尤其是裸體雕塑，雖然起源於古希臘時代，不過，由於性放縱思潮的盛行，並沒有色情與藝術的糾葛與爭議問題。到了歐洲中古封建社會的時代，在禁慾主義神聖化性禁忌的社會機制下，所有裸體藝術受到了全面性的打壓與禁止，直到文藝復興時代，藝術家才開始又有零星的裸體藝術之創作，尤其經過性解放運動與性開放運動的推波助瀾，裸體藝術的創作，乃逐漸盛行於世。隨伴而來的，正是惱人的色情與藝術之糾葛與爭議，尤其是視覺的裸體繪畫，更是如此。以下我們就簡單列舉中西社會所發生的種種案例，以供讀者參考與省思。

一、文藝復興運動的發難者米開朗基羅

米開朗基羅（Michelangelo, 1475-1564）在其名作《最後的審判》（1536-1541）中，有四十名裸體人物，要經過整整四百四十年的爭議，晚近才被清洗掉遮羞用的纏腰布，而在西斯汀教堂重視原貌。由此可見，文藝復興運動，雖然開始動搖或鬆動了基督教神聖化性禁忌的思潮，然而，裸體藝術要想取得信徒的認同，似乎還相當困

難，因爲基督教的性原罪思想，早就成爲信徒的信仰核心。❷

二、印象派大師莫內

　　莫內（Manet, 1832-1883）的《草地上的野餐》（1863），不但被拿破倫三世（The emperor Napoleon III）斥爲下流（indecent），而且在「落選作品展覽」上，又被觀眾所嘲弄。❸爲什麼呢？因爲在法國大革命之後，傳統與保守的貴族思想與勢力，仍然以反動與抗拒的態勢在支配或宰制當時的社會，而且藝術活動尚未平民化，所謂觀眾當然是那些沒落王孫或貴族之類。

　　同樣，莫內另有一幅題名爲《奧林比亞》（*Olympia*）的裸體繪畫，因爲畫中的女主角是一位妓女，跟傳說中理想化的女神「維納斯」相比，當然既平凡又庸俗多了，因而引發非常大的爭議。其實，作者的主體想像世界，很明顯地帶給觀看者如下的訊息：

1.妓女在一般人的印象中，代表或象徵性的罪惡、不道德、恥辱、淫穢與醜陋等等。作者把裸露的妓女先給予解體，並把性或性原慾抽離肉體而昇華或轉化爲現實生活世界的美感，藉以跟神話中或理想化的美感相對照或相對比。

2.裸體妓女的重組，特別用「平躺」的方式或姿勢出現在觀眾面前，在於傳達或表現作者的獨特藝術技巧或藝術形象：打破裸體繪畫或裸體雕塑的坐姿與立姿傳統。然而，作者也非常清楚，即是妓女，又是裸露的平躺，觀眾必然會聯想到「那一件事」，如此一來，就犯有「撩撥或誘惑」性慾之嫌。因此，作者特別在裸體重組上，做了兩件重要的動作：把兩腳交叉，再用左手遮蓋交叉的重點，藉以達到轉化「那一件事」的效果。

3.透過上述兩大訊息，最後就可以傳達或表現另一訊息：藝術

平民化。然而，這種藝術平民化的藝術風格，就當時的審美觀念而言，太過於前衛，因而會遭受到朝野的唾棄。

三、舉世聞名的雕塑大師羅丹

羅丹（Rodin, 1840-1917）的作品之一《青銅時代》，曾經遭受到社會輿論的強烈批評，被辱罵為：下流、淫蕩、肉慾、粗俗、不要臉、男女同體等嘲笑聲！為什麼會那樣呢？理由非常簡單，觀眾與社會輿論，總是趨向於保守的，有意識或無意識之間，總是喜歡用社會現實世界的觀念、規範與價值，以及社會既存的審美觀，去觀看或欣賞情色藝術。相對地，情色藝術的創作者，雖然是以社會現實世界為取材對象，但是，一旦進入他們主體想像世界的建構時，早已把社會現實世界忘得一乾二淨，他們自有自己內心中的觀念、規範、價值與審美觀，「為藝術而藝術、自由創作或創造」是他們唯一的信念。因此，西方美學史的專家宋達（S. Sontage）說：

> 一部情色作品之所以為藝術史的一頁，而不淪為垃圾，其理在於它的創意、周延、真實和力量。❹

以下再列舉幾個東方社會的案列，我們就不難發現，色情與情色藝術的糾葛與爭議，顯得情況更為混淆而嚴重，它象徵著東西方截然不同性質文化在融合上的吊詭。

四、傳統文化流毒與藝術叛徒劉海粟

自從鴉片戰爭失敗之後，外來西方文化的挑戰與中國固有傳統文化的抗拒，形成了一股亂流與暗潮，不斷地衝擊著每一個中國人。尤其在民國初期，隨著「民主與科學」的口號，外來洋文化似乎有占優先的氣勢，因而引發國粹派的恐慌與反動。單就藝術創作

或創造而觀，更是如此，儼然形成一股風潮：反西方劣質文化與發揮或抨擊優質傳統文化。藝術叛徒劉海粟與裸體寫生所引發的爭議，正是典型的例子。❺

劉海粟任職於上海美術專門學校，他是裸體寫生課程的倡導人，因啓用「女性」裸體模特兒，並公然舉行作品畫展，因而引起社會大眾的非議與攻擊。城東女校校長楊白民參觀後說：「劉海粟是藝術叛徒教育界蟊賊！公然展出裸體畫，有傷風化，非嚴懲他不可。」從此之後，劉海粟開始以藝術叛徒自居，單打獨鬥，逐漸打退國粹派的反動與頑抗，爲後人的情色藝術之創作，啓開了一片自由天地。然而，他個人倒是弄到身敗名裂，於一九二六年五月遭到軍閥孫傳芳的通緝，理由是：「生人模型，東西洋固有此式，唯中國則素重禮教，四千年前，軒轅垂衣裳而治，即以裸裎袒蕩爲野。道家天地爲廬，尚見笑於儒者。禮教賴此僅存，正不得議前賢爲拘泥。凡事當以適國情爲本，不必循人捨己，依樣葫蘆。」

從劉海粟的實際案例，我們可以非常清楚地看出，把裸體寫生與裸體畫展視之爲傷風敗俗的色情，乃是來自通俗的「裸露」觀念，因爲依照中國固有倫理化性禁忌的禮教，很顯然地，裸露是一種道道地地的傷風敗俗，一種不折不扣的色情。相對地，來自西方美學的「裸體」觀念：創作者在主體想像世界中的人體重組，在國粹派的眼裡，既然是屬於劣質文化的產物，必然會受到中國優質傳統文化的唾棄。

五、社會偏見心態與潘玉良

潘玉良（1899-1970）可以稱得上是中國藝術畫壇的奇女子，出身於青樓，被她的丈夫贖救之後，一生從事於情色藝術的創作工作，然而，只因自己是女畫家又是青樓出身之故，可以用「坎坷」兩個字來形容她的一生。❻

在歷經二千餘年古老中國封建的父權體制下，就性別而言，女人不但被配置在從屬或附庸的社會位置上，而去忍受不平等的對待、壓迫與削奪，而且在日常生活世界的心態中，女人也已經淪落為男人在青樓內的玩物，因此，凡是來自青樓的女人，不分皂白，就會被社會的偏見心態扣上色情所隱藏的意涵：無恥、淫穢、不要臉、婊子、不道德等符碼。所以，當潘玉良她自詡為情色藝術的創作者或追求者時，跟來自社會的期許與期盼，就會有相當大的落差。進入上海美專後，第一次上裸體素描課的時候，老師就對她說：「不過，也不要緊，女孩子嘛！能畫好風景就很不錯了。人體課也可以不上。❼」

有一次，她去偷畫正在洗澡的女人，不巧被逮個正著，罵聲四起說：「怪不得人家在講，這個學堂的學生專畫女人光屁股，真不要臉，女人也進這個學校，肯定不是個好東西，不是瘋子就是婊子。」❽

據說，當她的先生贊化知道她畫了《裸女》自畫像時，臉色立刻劇變：「就像晴空突然飄來片雨雲，剛才還陽光普照，忽而變得陰沉下來。」❾以下就是她的先生所表白的心中感受：

玉良呀玉良！把妳從那種地方（青樓）拉出來，是為了什麼呢？難道連這點都不懂？不是有意給我難堪嗎？為了要妳，我已忍受了世俗們的議論和挖苦，妳就應該自愛，不要再往自己臉上塗髒！傳揚出去叫我怎麼在官場上混？真想得出，這樣子的畫還拿到學校去展覽，不怕人家指脊樑，真是改不了的………。❿

性別與出身的標籤，如影隨身，讓她揮之不去。當年她在上海藝專入學考試時，素描獲得極大的讚賞，然而並未被錄取，校方的理由竟然是：「我們的模特兒糾紛還未平息，再錄取了她這種出身的學生，不正好給衛道之士們落了口實嗎！」⓫

另有一次，爲了響應支援抗日的社會運動，於一九三六年她舉辦了第五次個人展，一幅巨型油畫《人力壯士》，描繪一裸體力士，雙手扳掉一塊壓著小花草的巨石。其象徵意義極爲明顯。然而，就在展出的第二天，該畫遭受到破壞，並且被貼上「妓女對嫖客的頌歌」的字條。

綜合以上所述，就色情與情色藝術的糾葛與爭議而言，我們想提出以下幾點，與讀者共同反省和追研：

1. 在潘玉良與青樓畫魂的案例中，情色藝術的作品本身，是否具有藝術特質或審美價值，並非人們所關懷的焦點與主題，相對地，國粹派所重視的是：爲捍衛優質傳統文化，就以傳統文化對於女人與青樓的社會偏見做爲武器，拿來攻擊外來劣質文化的挑戰。

2. 在傳統中國的父權體制下，女人不但是從屬的符碼，更要「無才便是德」。在此社會偏見下，任何拋頭露面的主動性女人本身，就已注定是一位情色藝術創作的失敗者。

3. 青樓在傳統中國的社會偏見下，就等於特大號的「色情」，再加上「裸露」的淫穢，那來藝術可言！

4. 不管再崇高或偉大的「藝術愛國」之情操，在國粹派的社會偏差或偏見之眼鏡透視下，就變成劣質文化的色情，當然無法見容於東方社會。

六、國父紀念館中山畫廊拒展裸體畫事件 (1982-1983)

色情與裸體藝術的糾葛與爭議，從日治時代的「台灣美術展覽」開始，就不斷地重演至今。不過，每一次爭議都會圍繞或集中在某一特定主題，譬如裸體寫生課程、模特兒、裸露姿態或姿勢、傳播方式或特定作品本身等等。針對不同的對象與主題，再以個別和獨

特的理由，給予扣上色情的大帽子。**⓬**

　　在此我們之所以選擇國父紀念館中山畫廊拒展裸體畫爲案例代表，主要與唯一的理由是：它預設了兩大「莫須有」的立場與觀點：⑴凡是裸體創作就等於是色情嫌疑犯；⑵凡是色情嫌疑犯就會損傷偉人的清譽。在這種裸體泛色情化的邏輯運作下，就出現了偉人館正氣凜然的規定：凡是與偉人相抵觸的種種，皆不得進入殿堂。因此，凡是「裸露」當頭的創作或表演，皆成爲「相抵觸的種種」，而被排拒於偉人館之外。

注　釋

❶鐘琴譯，〈審判查泰萊夫人〉，刊於《中國時報》，民國六五年一二月一九日～六六年一月六日人間副刊。

❷引自《中國時報》，民國八三年四月一○日影視文化新聞〈米開蘭基羅西斯汀教堂巨型壁畫，「最後審判」恢復原貌，一吋吋清洗塵煙，連後人所加的纏腰布也洗掉〉。

❸E. Lucy-Smith., *Sexuality in Western Art*, London Thames and Hudson, 1992, p.122.

❹同註解❸，pp.203-207。

❺請參照呂理尚〈叛徒的批判──評海粟大師的「藝」與「術」〉一文，刊於《雄獅美術》一二八期，頁六三。

❻石楠著，《畫魂》（台北：海風出版社），一九九三年。

❼同註解❻，頁九三。

❽同註解❻，頁九五。

❾同註解❻，頁九八。

❿同註解❻，頁九九。

⓫同註解❻，頁八四。

⓬廖新田著，《藝術與色情》，頁一五一～一五八。

第23章　區隔或判別色情與情色藝術的社會評量依據或判準

　　對於色情與情色藝術的糾葛與爭議，我們已經探討了不少問題的面向，基於以上的結果與認知，最後就以綜合的觀點提出質疑：區隔或判別色情與情色藝術的社會評量依據或判準是什麼？

　　依照我們對於有關歷史文獻與社會資料的研究，以及對於實際日常生活世界的深層觀察，我們獲得了以下的結論，僅提供給讀者們參考。

　　首先我們發現，不管什麼時代或社會都一樣，對於色情與情色藝術的區隔或判別，並非截然兩極化的對立與排除關係：只要是色情就毫無藝術可言，或只要是藝術就絕對不含色情成分。相反地，色情與情色藝術彼此構成了一直線的兩極化關係，如圖二十一，茲說明如下：

1. 在一般社會人的眼中，色情與情色藝術彼此構成了一直線的關係，假定最左邊為純色情（A），那麼，最右邊則為純藝術（B）。

2. 假定兩者所構成的直線，總共包含有「10刻度」，代表色情與藝術的「濃度」或「成分」，而不管是色情或藝術，則各自包含5刻度而成。

3. 所謂純色情，就是帶有左邊「5刻度」，而毫無藝術可言，以所含總量為代表。同樣地，所謂純藝術是含有右邊「5刻度」而絕不帶色情。以（a_1）所含總量為代表。理論上可以兩極化，事實上很難出現或存在。

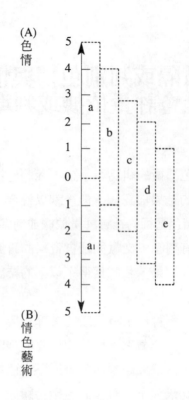

圖二十一　色情與情色藝術的一直線兩極化關係

4.一般的情形是：所謂色情，最嚴重的情形是指：帶有左邊「4
刻度」的色情與右邊「1刻度」的藝術，以（b）代表之。其
次是帶有左邊「3刻度」的色情與右邊「2刻度」的藝術，以
（c）為代表……依此類推，各以（d）和（e）為代表。反之，
藝術亦然。

其次，我們又發覺一件相當有趣而又重要的眞相，一般人對於
所謂色情或藝術的評量或判別，往往由於社會地位或社會角色扮演
之不同，而會有相當大的差異，主要可以區分為：⑴創作者或表演
者；⑵觀看者或社會輿論；⑶性權力擁有者三種人。我們就依照表

二來說明這三種人對於區隔或判別色情與情色藝術的評量依據或判準。

表二　區隔或判別色情與情色藝術的社會評量依據或判準

對象 判準 身分	情色藝術	色情
	內涵	內涵
創作者或 表演者	1.本身只是以第三者的立場與觀點，客觀地呈顯「主體想像世界」，永遠保持觀察者的距離 2.裸露的描述或裸體的呈顯，只是一種創作的形式與表達的方式，本身毫無目的可言 3.創作或表達的終極目標，在於傳達或表現「無私與自在目的之愛慾」	1.本身介入或掉入「主觀想像世界」，而變成主角代言人 2.裸露的描述本身就是一種目的：刺激或誘發觀看者的性慾 3.創作或表達的終極目的，在於賺錢
觀看者或 社會輿論	1.性放縱或性開放觀念 2.趨向於現代審美觀 3.個人主義意識較強 4.尊重傳統神秘主義	1.性保守或性禁慾觀念 2.趨向於傳統審美觀 3.社會集體主義較強 4.偏好現代科學主義
性權力擁 有者	1.尊重個人自由主義 2.把性視為「私領域」 3.採社會多化價值觀 4.放縱主義性知識	1.強調社會道德主義 2.把性當做「公領域」 3.主張社會單元價值論 4.禁慾主義知識

創作者或表演者

如果沒有創作者或表演者，就不會有藝術作品的出現或表現，也就沒有色情與藝術的糾葛或區隔問題之存在。所以，創作者或表

演者佔有決定性的角色：

1. 因為藝術創作者永遠以第三者或旁觀者的身體，在作客觀的
描述或表達，所以使觀看者或欣賞者，也就比較容易跟「主
角」保持距離，而不會輕易產生性慾或快感。相反地，創作
者本身一旦變成「主角」的代言人或代理人，性的描述或表
達本身就必然是激情又誘惑，而觀看者或欣賞者也就很容易
變成參與者，進而產生性慾與快感，成為色情的幫兇。

2. 藝術創作者對於性的描述或表達，一方面要避免撩撥或誘發
觀看者的性慾或快感，另一方面，又要把它當做一種工具與
過程，藉以建構裸體所要呈顯的「主體想像世界」。相反地，
色情創作者對於裸露的描述或表達本身就是一種手段性或工
具性目的：要能夠撩撥或誘發觀看者的性慾或快感，否則，
就是一部失敗的色情作品。

3. 真正偉大的情色藝術創作者，不但在解構「裸露」時，能夠
把「性」抽離肉體，而且要能夠在「裸體」建構時，又能夠
把「性」昇華或轉化為一種「無私與自在目的之愛慾」，而最
後使裸體與愛慾都能夠透過「主體想像世界」而傳達或表現
出來。這是情色藝術創作的終極目標或目的。相反地，色情
創作的唯一目的或目標，不外乎是賺錢。

觀看者或社會輿論

相對多數觀看者的反應觀點，就成為我們所謂的社會輿論。

1. 觀看者所擁有的性觀念，越是趨向於放縱或開放，越是能夠
容忍或接受情色藝術。相對地，越是趨向於性保守與性禁忌
的觀念，則越是容易扣上色情的大帽子。

2. 觀看者的審美觀念與態度，越是趨向於現代——注重於探求什麼是藝術？——則越有可能性與機率性去容納或接受情色藝術。相反地，觀看者的審美觀念與態度，越是趨向於傳統——專注於什麼是「美」的尋覓？——就很容易用色情來打壓情色藝術，使得後者很不容易存在，這正是今日台灣社會的情形。

3. 觀看者越是強調或重視個人主義意識，因為藝術創作是一種個人自由意識的表現，所以就越能夠容忍或接受情色藝術的創作。相反地，觀看者假如太過於重視或強調社會集體主義的意識，很顯然地，就很不容易接受個人自由意識的創作，因而就會以色情為藉口與工具，去抗拒情色藝術的創作與發展。

4. 傳統神秘主義原本就是人類原始藝術創作的內驅力或內在動力因，相對地，西方社會科學主義則是實證知識的外驅力或外在動力因。因此，跟藝術創作正處於風馬牛不相干的關係。也正因為如此，觀看者越是熱愛傳統神秘主義思想，則越能夠接納情色藝術的創作。相反地，觀看者越是偏好現代科學主義思想，就越是無法接納情色藝術之創作，因而就會很容易扣上「莫須有」的色情罪名。

性權力擁有者

首先我們必須指出的是，越是屬於禁慾主義性禁忌的社會，性權力擁有者不但越多而且其宰制權力越大，相對地，越是屬於性開放或解放的社會，性權力擁有者不但越少而且其宰制力也越小。前者如中國傳統農業時代的倫理化性禁忌，後者則是今日的美國社會：

1. 性權力擁有者越是尊重或崇尚個人自由主義思想，則越會容忍和接受情色藝術的創作，因而越少干擾或介入色情與情色藝術的糾葛與爭議，譬如今日的歐美社會。相反地，性權力擁有者越是強調社會道德主義思想，就越難容忍或接受個人自由主義所創造的情色藝術，因而不但很喜歡干擾或介入色情與情色藝術的爭議，而且經常會以色情為工具與藉口，去打壓情色藝術的創作。

2. 在歐美的現代社會裡，經過長期性解放與性開放運動之後，性已經逐漸被視為「私領域」，而情色藝術的創作既然以人體和性為對象，順理成章地被定位在「私領域」上，因而逐漸不再受到性權力擁有者的干擾。相反地，在尚未擺脫性禁忌的社會，因為性一直被安置在「公領域」內，因此，以人體和性為對象的情色藝術之創作，必然引來性權力擁有者的干擾與介入，動不動就會被扣上「色情」的帽子，這也是人們所司空見慣的現象。

3. 性權力擁有者越是能夠接受現代化社會多元價值的觀念，也就越能夠容忍和接受情色藝術的創作，因為它本身就是一種另類價值的創新。相反地，性權力擁有者越是停留在傳統社會單元價值的時代觀念，當然也就不容易接納另類價值的創新，同時，情色藝術又是以肉體和性為創造對象，所以性權力擁有者就會用色情去打壓它。

4. 情色藝術的創作是建立在放縱主義性知識上，所以，性權力擁有者越是認同於放縱主義性知識，也就越能接納這種另類價值的創新。相反地，色情是禁慾主義知識的副產品，因此，性權力擁有者越是認同於禁慾主義性知識，就越是無法接納情色藝術的創造，因而就會拿色情來修理它。

參考書目

一、中文部分
二、西文部分

一、中文部分

1. 王書奴著，《中國娼妓史》（台北：萬年青），一九七一年。

2. 平井信義原著，呂玲玲譯，《正確的性觀念》（台北：新雨），一九九三年。

3. 史文鴻著，《西方當代美學》（台北：青文），一九九二年。

4. 池宗憲著，《流行的色情》（台北：焦點），一九八六年。

5. 朱元潛編譯，《西方美學家論美與美感》（天山出版社）。

6. 何春蕤著，《女性主義與性解放：豪爽女人》（台北：皇冠），一九九四年。

7. 阮新邦等著，《婚姻、性別與性》（N.T.U.S.A.：八方），一九九八年。

8. 李銀河著，《性、婚姻——東方與西方》（陝西：陝西師範大學），一九九二年。

9. 李銘盛著，《我的身體我的藝術》（台北：唐山），一九九二年。

10. 孫田慶等譯，《藝術中的女性形體》（台北：三聯），一九九二年。

11. 孫康宜著，《古典與現代的女性闡釋》（台北：聯合文學），一九九八年。

12. 陳東原著，《中國婦女生活史》（台北：商務），一九九七年。

13. 陳秉璋、陳信木合著，《藝術社會學》（台北：巨流），一九九三年。

14. 張功齡譯，《視覺原理》（北京：北京大學），一九八七年。

15. 葉秀山著，《美的哲學》（台北：五南），一九九三年。

16. 黃集偉著，《審美社會學》（台北：五南），一九九三年。

17. 趙永芬譯，《官感藝術——性、慾望與美學》（台北：萬象），一

九九四年。

18.滕守堯著，《藝術社會學描述》（上海：上海人民出版社），一九八七年。

19.蔣渝譯，《人體美學》（台北：地景企業），一九九三年。

20.蔡勇美等著，《性的社會觀》（台北：巨流），一九八七年。

21.鄭志敏著，《細說唐妓》（台北：文津），一九九七年。

22.鄭思禮著，《中國性文化》（台北：書林），一九九六年。

23.劉昌元著，《西方美學導論》（台北：聯經），一九八七年。

24.劉秀娟著，《兩性關係與教育》（台北：揚智），一九九七年。

25.劉捷著，鄭清文譯，《台灣藝且社會學》（台北：聯合文學），一九八五年。

26.劉綱紀著，《藝術哲學》（湖北：湖北人民出版社），一九八六年。

27.歐尼采著，鄭慧玲譯，《開放的婚姻》（台北：遠景），一九七四年。

28.蕭國亮編著，《中國娼妓史》（台北：文津），一九九六年。

29.嚴明著，《中國名妓藝術史》（台北：文津），一九九二年。

30.顧燕翎主編 ，《女性主義：理論與流派》（台北：女書），一九九六年。

31.A. Hauser原著，居延安編譯，《藝術社會學》（台北：雅典），一九九八年。

32.A. Hauser原著，邱彰譯，《西洋社會藝術進化史》（台北：雄獅），一九八七年。

33.A. H. Barr Jr.原著，李渝譯，《現代畫是什麼？》（台北：雄獅）。

34.B. Friedan 原著，李令儀譯，《女性迷思》（台北：月旦），一九九五年。

35.Cherles Letourneau原著，衛惠林譯，《男女關係的進化》（台

北：自立晚報），一九九〇年。

36.H. A. Katchadourian原著，陳蒼多譯，《性與文化》（台北：森
大），一九九八年。

37.J. Berger原著，陳志梧譯，《看的方法》（台北：明文），一九九
七年。

38.L. Margulis and D. Sagan原著，潘勛譯，《性的歷史》（台北：時
報），一九九三年。

39.Michael Carrera原著，伍佩蘭等譯，《新知識　性之事》（台北：
展承），一九九四年。

40.Michael Foucault原著，尚衡譯，《性意識史》（第一卷）（台北：
久大），一九九〇年。

41.M. Foucault原著，謝石等譯，《性史》（台北：結構群），一九九
〇年。

42.P. Hodson等原著，陳蒼多譯，《性的智慧365》（台北：時報）
，一九九三年。

43.R. G. Collingwood原著，王至元等譯，《藝術原理》（台北：中國
社會科學），一九八七年。

44.S. de Beauvoir原著，楊美惠譯，《第二性》（台北：志文），一九
九二年。

45.Terry Eagleton原著，吳新發譯，《文學理論導讀》，（台北：士
林），一九九四年。

二、西文部分

1.Adler, Kachleen & Pointon (1993), *Marcia The Body Imaged-The
Human Form and Visual Cultural Since The Renaissance*, Cambridge
Univ. Press.

2.Bailey (1959), *Sexual Relations in Christain Thought*, New York,

Harper & Row.

3.Barnett (1973), *Sexual Freedom and the Constitution*, Albuquerque, University of New Mexico Press.

4.Bernstein J. M. (1992), *The Fate of Art-Aesthetic Alienation from Kant to Derrida and Adorno Polity*, Press.

5.Borowitz (1969), *Choosing a Sex Ethic: A Jewish Inquiry*, New York, Schocken.

6.Calverton and Schmalhausen (1929), *Sex in Civilization*, New York, Citadel.

7.Clark (1956), *Kenneth The Nude*, Doubleday & Company, Inc.

8.Cormack (1988), *Malcolm The Nude*, London: Tiger Books International.

9.Delamater (1981), *The Social Control of Sexuality*, in Annual Review of Sociology 7, pp.263-290.

10.Ellis (1965), *The Art and Science of Love*, New York, Dell.

11.Ellis (1942), *Studies in the Psychology of Sex*, New York, Random.

12.Epstein (1967), *Sex Laws and Customs in Judaism*, New York, Ktav Publishing.

13.Field (1975), *Sexual Themes in Ancient and Primitive Art*, in Webb: The Erotic Art, Boston, New York Graphic Society.

14.Firestone (1970), *The Dialectic of Sex: The Case of a Feminist Revolution*, New York, Morrowm.

15.Franscina (1992), Francis Harris, Jonathan ed., *Art in Modern Culture-an Anthology of Critial Texas*, Phaidon.

16.Friedman (1970), *Obscenity*, New York, Chelsea House.

17.Gebhard (1965), *Sex Offenders*, New York, Harper & Row.

18.Goldstein (1974), *Pornography and Sexual Deviance*, Berkeley University of California Press.

19. Gregersen (1983), *Sexual Practices*, New York, Watts.

20. Gustafson (1981), Nature, Sin and Covenant, *Three Bases for Sexual Ethics*, in Perspectives in Biology and Medicine, Spring.

21. Haeberle (1978), *Sex Atlas*, New York, Seabury.

22. J. L. Dolgin & B. L. Dolgin (1988), *Sex and Law*, in Wolman & Money: Handbook of Human Sexuality, Englewood Cliffs, N. J. Prince-Hall.

23. Katchadourian & Lunde (1975), *Fundamentals of Human Sexuality*, New York, Holt, Rinehart and Winston.

24. Katz (1982), *Barry Herbert Marcuse & the Art of Liberation-An Intellectual Biography*, Norfolk: Thetford Press.

25. Kinsey etc. (1948), *Sexual Behavior in the Human Male*, Phila-del-phia: Saunders.

26. Kutchinsky (1973), *The effect of Easy Availability of Pornography on the Incidence of Sex Crimes*, in Journal of Social Issue 29, pp.163-182.

27. Ladd (1980), *Human Sexuality: Message in Public Envioronments, in Brown: Childhood Sexual Learning*, Cambridge, Mass., Ballinger.

28. Licht (1969), *Sexual Life in Ancient Greece*, London, Panther.

29. Lucie-Smith (1992), *Edward Sexuality in Western Art,* Thames and Huson.

30. Marshall and Suggs (1971), *Human Sexual Behavior*, Englewood Cliffs. N.J.: Printice-Hall.

31. Nead (1992), Lynda, *The Female Nude-Art,* Obscenity and Sexuality, Routledge.

32. Neret, Muthesius, *Erotic Art*, Germany: Benedikt Taschen.

33. Peckham (1971), *Art and Pornography*, New York, Harper & Row.

34. Robinson (1976), *The Modernization of Sex*, New York, Harper &

Row.

35. Roskill (1976), Mark, *What is Art History*, N.Y.: Harper & Row, Publishers.

36. S. de Beauvoir (1952), *The Second Sex*, New York, Knopf.

37. Slovenko (1965), *Sexual Behavion and in Law*, Springfield, Ill. Thomas.

38. Steinem (1978), *Erotica and Pornography: A Clean and present Danger*, in MS.7, pp.53-54.

39. Symons (1979), *The Evolutionof Human Sexuality*, Oxford, Oxford University Press.

40. Taylor (1970), *Sex in History*, New York, Harper & Row.

41. Thielicke (1964), *The Ethics of Sex*, New York, Harper & Row.

42. Trosky (1970), Leon, *Art and Revolution*, Pathfinder Press.

43. Webb (1976), *The Erotic Art*, Boston, New York, Graphic Society.

44. Wolff (1993), Janet, *The Social Production of Art*, Macmillan.

45. Wolff (1993), Janet, *Aesthetics and the Sociology of Art*, Macmillan.

46. Zolberg (1990), V. L., *Conetrucing a Sociology of the Arts*, Cambridge University Press.

性美學教育：性、色情、裸體藝術　性、色情、裸體藝術　社會叢書 30

著　　　者／陳秉璋
出　版　者／揚智文化事業股份有限公司
發　行　人／葉忠賢
總　編　輯／林新倫
登　記　證／局版北市業字第 1117 號
地　　　址／台北市新生南路三段 88 號 5 樓之 6
電　　　話／(02)23660309
傳　　　真／(02)23660310
郵政劃撥／19735365　戶名：葉忠賢
法律顧問／北辰著作權事務所　蕭雄淋律師
印　　　刷／鼎易印刷事業股份有限公司
E-mail／yangchih@ycrc.com.tw
網　　　址／http://www.ycrc.com.tw
初版一刷／2003 年 12 月
定　　　價／新台幣 350 元
I S B N／957-818-556-1

國家圖書館出版品預行編目資料

性美學教育：性、色情、裸體藝術 / 陳秉璋著.
--初版.--臺北市：揚智文化, 2003[民 92]
面：公分.--(社會叢書；30)

ISBN 957-818-556-1(平裝)

1.性　2.情色藝術

544.7　　　　　　　　　　　92015110